名师带你读史记

MINGSHI DAI NI DU SHIJI
LIEZHUAN · DAHAN FENGYUN

列传 大汉风云

王弘治 著

天地出版社 | TIANDI PRESS

图书在版编目(CIP)数据

列传.大汉风云/王弘治著.—成都：天地出版社，2023.9
（名师带你读史记）
ISBN 978-7-5455-7853-9

Ⅰ.①列… Ⅱ.①王… Ⅲ.①《史记》—青少年读物 Ⅳ.①K204.2-49

中国国家版本馆CIP数据核字（2023）第124238号

LIEZHUAN·DAHAN FENGYUN

列传·大汉风云

出 品 人	杨 政	营销编辑	魏 武
作 者	王弘治	美术设计	霍笛文
总 策 划	陈 德	内文插画	世纪外研
策划编辑	李婷婷 曹 聪	内文排版	书情文化
责任编辑	曹 聪	责任印制	葛红梅
责任校对	张思秋		

出版发行	天地出版社
	（成都市锦江区三色路238号　邮政编码：610023）
	（北京市方庄芳群园3区3号　邮政编码：100078）
网　　址	http://www.tiandiph.com
电子邮箱	tianditg@163.com
总 经 销	新华文轩出版传媒股份有限公司
印　　刷	北京文昌阁彩色印刷有限责任公司
版　　次	2023年9月第1版
印　　次	2023年9月第1次印刷
开　　本	710mm×1000mm　1/16
印　　张	13.5
字　　数	160千字
定　　价	39.80元
书　　号	ISBN 978-7-5455-7853-9

版权所有◆违者必究

咨询电话：（028）86361282（总编室）
购书热线：（010）67693207（营销中心）

如有印装错误，请与本社联系调换。

· 自序 ·   1

59篇 《袁盎晁错列传》《屈原贾生列传》：
三位同龄人   1

60篇 《张释之冯唐列传》：明君的风范   15

61篇 《吴王濞列传》：七国之乱的根苗   27

62篇 《魏其武安侯列传》（上）：魏其侯的跌宕
人生   39

63篇 《魏其武安侯列传》（中）：武安侯的发迹史   49

64篇 《魏其武安侯列传》（下）：西汉第一悬案   60

65篇 《李将军列传》：生不逢时的名将   73

66篇	《匈奴列传》：北方的雄族	85
67篇	《卫将军骠骑列传》（上）：从奴隶到将军	99
68篇	《卫将军骠骑列传》（下）：从云端到低谷	110
69篇	《平津侯主父列传》：朝为田舍郎，暮登天子堂	120
70篇	《司马相如列传》：凤求凰	133
71篇	《酷吏列传》（上）：皇帝的鹰犬	143
72篇	《酷吏列传》（中）：最有出息的刀笔吏	154
73篇	《酷吏列传》（下）：冷血铁面的执法者	166
74篇	《大宛列传》：博望侯张骞	176
75篇	《游侠列传》：不被允许的民间秩序	189

· "列传"尾声 ·　202

· 后记 ·　203

自 序

读《史记》时，有一个问题常在我的脑海里萦绕不去：司马迁对汉朝究竟是什么样的感情呢？如果笃信古人都是"忠君爱国"的，这或许就不会成为一个问题了；但在我眼中，司马迁显然不是一个恭顺的儒生，无条件地爱这一家一姓的刘氏江山。历史上还有另一种说法：被汉武帝下蚕室、受腐刑的司马迁，是在用文字复仇，刻意污蔑汉朝皇帝们的光辉形象，有人甚至把《史记》称为泄私愤的"秽史"……

当司马迁把《史记》这部纵跨三千年的通史终于写到自己的时代，书里的文字逐渐变得更加鲜活灵动。我们现在可以知道，有许多故事来自司马迁和他父亲调查访问来的第一手材料。比如，荆轲刺秦王的现场目击者太医夏无且，曾亲口讲述当时的情景，后来被《史记》转录；鸿门宴上项羽和刘邦的座席安排的细节，是由救刘邦脱围的樊哙家的后人樊他广一五一十告诉司马迁父亲的；而项羽自刎乌江后，抢到项羽尸体一条腿的杨喜，他的后代竟然成了司马迁的女婿。《史记》能把汉代的历史写得无比引人入胜，最关键的秘诀是真实。

真实是一位史家最重要的品质，东汉的班固说《史记》："其文直，其事核，不虚美，不隐恶。"这是作为史学的后继者最中肯的评价。在这份真实面前，当写到汉文帝为了不浪费民力而厉行节约，司马迁由衷地赞美；当写到汉景帝对自己的弟弟和儿子的那份阴险狠辣，司马迁由衷地鄙视；当写到汉武帝在魏其侯和武安侯两败俱伤后坐收渔翁之利，司马迁由衷地唏嘘；当写到手段狠毒的酷吏们在皇帝们的纵容下嗜杀成性、制造冤狱，司马迁由衷地感到无奈……

史书就是一面镜子，其中反映出的美好与丑陋，不是来自于史家司马迁个人的好恶，而是源于他在真实世界中的经历在心中留下的刻痕。

汉朝这个新兴的帝国，是司马迁年轻时梦想的基石：他在人生最美好的二十岁畅游天下，遍访名山大川。没有太平的时局，这样的壮举怎么可能实现？

在汉武帝雄才伟略的治理下，司马迁也曾满心抱负，想在朝廷上发挥自己的一身才华——他参与制订的《太初历》，象征着历史的轮回将迎来一个新的时间起点。

然而司马迁为投降匈奴的李陵仗义执言，为自己招来了一起飞来横祸，他的生命与尊严遭到彻底踩躏，让他几乎无力从耻辱中重生。

可能，也唯有个人命运中如此真实的大起大落，才能让司马迁更加清醒冷静地来观察汉朝的"天命"，将古今之变、天人之际最终融会成了一家之言。

《史记》是一部有厚度的书，需要我们历经时间层层剥笋般地读。我们读熟了故事，才能慢慢领会"真实"的含义；感悟到"真实"，才能逐渐接近司马迁的内心。我写《史记》的故事，也是在讲述司马迁的文字在我心里留下的"真实"刻痕。

〖 袁盎晁（cháo）错列传 〗〖 屈原贾生列传 〗

三位同龄人

刘邦打败项羽之后，汉朝的江山就从此稳固了吗？为了王朝的长治久安，不同的人提出了不同的方案。大家各执己见，争论不休，从此走向不同的命运之路。

贾谊、袁盎和晁错三人，虽然年龄相近、抱负相同，但脾气秉性却南辕北辙，甚至水火不容，以致成了彼此的死敌。然而，殊途同归，他们的命运都与汉代初年发生的一次政治危机紧密相连。

贾谊——汉初的"屈原"

贾谊是洛阳人，年轻有为，才二十出头就当上了汉朝博士。在朝廷上，他总能说出令人耳目一新的真知灼见，让其他的博士自叹不如。很快，贾谊就成了汉文帝身边的亲信。

贾谊提出的许多政治见解，都一针见血地指出了汉朝天下存在的根本问题，其中最急需解决的就是如何对付强大的诸侯。

没错，汉初几代皇帝最头疼的问题就是诸侯国太强大。本来，汉高祖分封功臣和亲属来当诸侯，是想让他们像盾牌一样保卫中央，却没想到诸侯国如果造起反来，也会变成利刃刺向中央。

刘邦在世时，已经把像韩信这样的异姓诸侯王尽数清除，剩下的都是老刘家的人了。但是，皇帝会对自家人放松警惕吗？俗话说得好，一代亲、两代表，三代全不晓。周天子分封的诸侯，大都是直系亲属，到最后还是出现了互相兼并、兵戎相见的惨状。利益面前，很少有诸侯会讲骨肉情分。到了汉景帝时，吴楚七国之乱爆发，起来造反的诸侯王，都是汉家天子的叔伯兄弟。

贾谊提早二十年就觉察到了强大的诸侯国对中央的威胁，他提出了一个既稳妥又能永绝后患的方法：众建诸侯而少其力。

这句话是什么意思呢？贾谊的意思是，皇帝想要铲除诸侯，就应该多册封诸侯。这个方法虽然貌似自相矛盾，但确实起到了防止诸侯势力膨胀的神奇作用。

众建诸侯，就是让诸侯把一份大家业，分散给众多的兄弟子侄，这样既在表面上满足了贵族们称王称侯的虚荣心，又从实质上化整为零，让每家诸侯的实际控制范围越变越小，跟个县令没区别，完全不能与中央抗衡。

到了汉武帝时代，贾谊的这个方法被定为国策。汉武帝实行"推恩令"，让诸侯各自分家，从此彻底解决了诸侯强大的问题，实现了真正的中央集权。

汉文帝为什么没有实行"推恩令"呢？这就跟贾谊的个人命运有关系了。汉文帝本人非常欣赏贾谊，想提拔他担任朝廷重臣。可是，以丞相周勃为首的一批老臣纷纷反对。首先，他们嫉妒贾谊年纪轻轻就有机会跟自己平起平坐；其次，他们的既得利益也曾被贾谊提出的改革方案伤害过。老臣们的势力在朝廷里盘根错节，汉文帝不得不顾忌，只好将贾谊外放到南方的长沙国。

后来，汉文帝虽然一度将贾谊召回长安，但始终没有委以重任。汉文帝派贾谊去做自己爱子梁怀王的太傅，可是，他才做太傅不久，年幼的梁怀王便意外坠马而亡。贾谊对此事深感内疚，认为是自己没有尽到太傅之责，同时为自己怀才不遇感到无比伤怀，最后郁郁而终，年仅三十二岁。

贾谊满怀一腔忠诚却受到排挤，司马迁非常同情贾谊，把他和战国悲情诗人屈原写在一篇传记当中，让后人一起凭吊这两位命运多舛的贤才。

袁盎——汉初的"水晶狐狸"

汉朝最会给皇帝提意见的人，袁盎如果自认第二，那没有人敢认第一。

淮南王刘长是汉文帝的弟弟，脾气非常火暴。他即使违法犯禁，汉文帝也都由他去。

袁盎劝谏汉文帝："诸侯王太骄横，早晚会酿成大祸，不如用没收土地的方法警告一下淮南王。"汉文帝没有采纳袁盎的办法。

后来，淮南王刘长越来越过分，直至卷进谋反的案件。他即便罪大恶极，还是得到了汉文帝的宽恕，保住一条小命，被判决发配巴蜀。

袁盎又来劝谏："淮南王一向骄傲自大，现在却身陷囹圄，万一受不了这个委屈，在半道上自寻短见，会让天下误会陛下容不下兄弟，让陛下白白担一个杀亲弟弟的恶名。"汉文帝还是没有重视袁盎的提醒。

结果，事情果然如袁盎所料，淮南王刘长一出长安就自杀了。噩耗传来，汉文帝伤心得吃不下饭。袁盎来请安，汉文帝叹着气说："我后悔当初不听你的话啊！"

袁盎处处为皇帝着想,劝汉文帝尽管放宽心:"您做了三件让天下人都敬仰的高尚之事,所以淮南王之死绝对不会破坏陛下在天下人心目中的仁君形象。"

汉文帝大惑不解:"我做了哪三件事呢?"

袁盎掰着指头向汉文帝说明:"第一件,您还是诸侯王的时候,太后生病,您在床前整整照顾了三年。常言道,久病无孝子。您的孝道简直超过了以孝闻名的圣人曾参。第二件,吕太后死后,大臣们发动政变,铲除吕氏势力,朝廷一度混乱动荡,您不顾个人安危来到长安主持大局,力挽狂澜。您的这份勇气连古代的勇士孟贲、夏育都没法比。第三件,您被大臣们奉戴为天子之前,前前后后推辞了五次。古代圣王帝尧把天下让给高士许由,许由也只推让了一次。您的谦让比许由足足多了四次啊。天下百姓因为知晓您的这三件高尚之事,都认为您是最杰出的仁君。所以,淮南王刘长之死,都是下面官员没有体会您对淮南王的一片苦心,照顾不周造成的。"

袁盎不仅说话滴水不漏,办事也极有条理。他为了帮助汉文帝找回面子,提议把淮南国一分为三,把刘长的三个儿子都分封为诸侯王,打破了只能有一个儿子继承诸侯王位的常规。

袁盎做人之圆滑,仿佛一只水晶狐狸,不让任何人抓住把柄。贾谊因为受到朝廷老臣的排挤郁郁而终,这种前车之鉴对袁盎没有产生丝毫影响。

丞相周勃是一手把汉文帝推上皇位的大功臣。汉文帝刚继位时，对位高权重的周勃又敬又畏，就怕这位老功臣会对自己不利。袁盎将皇帝的心思揣摩得一清二楚，在他的策划下，汉文帝开始有步骤地打压周勃的势力。

周勃知道是袁盎在背后搞鬼，气得指着袁盎的鼻子骂："你明知道我跟你的兄长是老交情，居然还来算计我！"

后来，周勃蒙受冤屈，被关进天牢。在朝廷之中，除了袁盎，谁也不敢站出来为周勃申辩。周勃被放出来以后，特别感激袁盎。袁盎帮助周勃倒不是因为讲义气，而是因为周勃有太后保护，所以这时候站出来为周勃说话，其实是在太后面前给汉文帝一个台阶下。袁盎为周勃申辩这件事干得实在漂亮——太后高兴，皇帝高兴，周勃更高兴，一箭三雕。满朝大臣都佩服袁盎为人处世的本领。

晁错——智囊之死

晁错的性格跟袁盎截然相反——朝廷内外，他得罪的人太多了。

晁错年少成名，无论是学问还是文采都跟贾谊不相上下。汉文帝让他专门辅佐太子刘启。太子事事都听晁错的，还给晁错起了一个"智囊"的外号。但是，晁错虽然才华横溢，性格却很偏激。

晁错对大汉前途的看法，跟贾谊非常接近。他曾多次上书汉文帝，请求削弱诸侯王的势力，还提出大量改革朝廷政令的意见，触及了很多人的利益。所以，朝廷上下的官员都不喜欢他，连八面玲珑的袁盎都跟他关系很僵。

太子刘启登基，成为汉景帝。晁错凭着汉景帝多年来的信任，一步登天，红极一时，彻底成为大臣们的眼中钉。

有一次，晁错觉得自己办公场所的大门朝向不好，就在南边的土墙上开了两道新门。这就惹了大祸，因为南边那堵土墙来头不小，是汉高祖之父刘太公灵庙的外墙。一向忌恨晁错的丞相申屠嘉一下子抓到了把柄，要安晁错一个毁坏先帝灵庙的杀头罪名。

晁错夜里听到风声——丞相申屠嘉准备第二天一早就动手，于是连夜进宫求汉景帝救命。汉景帝就派人跟丞相打招呼："晁错动的是灵庙以外的墙，不算犯法。"

丞相申屠嘉看皇帝都开金口了，别无他法，无可奈何道："我早该先斩后奏的！"他老人家竟然因此气出病来，没多久就去世了。

晁错的老父亲听说晁错像个愣头青，到处得罪人，就专门从老家来长安劝儿子："你把诸侯大臣们都得罪完了，还要不要身家性命了？"

晁错的倔脾气一下子上来了，顶撞老父亲说："我可是一心忠于陛下。我不这么干，大汉怎么会有太平？"

晁老爹叹了口气："大汉虽然太平了，但咱们晁家就要完蛋了。"

晁错以强硬的手段推行"削藩"，风卷残云一般没收诸侯王的领地，削弱他们的势力。他揭发袁盎在担任吴国丞相的时候收受贿赂，所以在朝廷上反对削藩。

汉景帝立刻撤了袁盎的职，贬其为庶人。没多久，吴王刘濞（bì）联合其他诸侯王发动叛变，史称"七国之乱"。诸侯们不敢直接喊出推翻汉景帝的口号，就打着"清君侧"的旗号，以杀掉皇帝身边的晁错为目标，杀到长安。

面对政变，晁错认为"攘外必先安内"，计划先把朝廷里的诸侯内应铲除掉。袁盎也在晁错的抓捕名单上。

危急时刻，袁盎凭借自己熟知吴国内情的"独家资料"要求面见汉景帝。汉景帝想了解吴王的底细，立刻紧急召见袁盎。袁盎一进宫，发现晁错也在，就说自己有一条良策可以令七国退兵，但事关机密，只能单独跟皇帝说。汉景帝就让所有人都出去，只留下袁盎。晁错无话可说，只好咬牙切齿地离开了。

汉景帝着急地问袁盎："你到底有什么退敌良策？"

袁盎说："七国都是因为晁错的削藩被迫造反的，他们此次杀入长安，都打着诛杀晁错的旗号。现在，您只要杀了晁错，让诸侯们知道自己的领土和地位都能保全，自然就退兵了。"

汉景帝犹豫了。袁盎趁热打铁，表达了等晁错一死，他立刻主动请缨，出使去安抚吴王，保准让吴王退兵。汉景帝终于点了头。

过了十几天，晁错在家收到紧急上朝的圣旨，赶紧换好朝服上了御林军的马车，跟随他们一起入宫。可是，他很快发现，马车去的不是皇宫，而是位于长安东市的刑场。晁错穿着一身朝服正装，还没弄明白自己的罪名，就被斩首了。

袁盎一看计策得逞，真的干掉了晁错，就志得意满地率领使团出发，去劝吴王退兵。

吴王刘濞并没有把袁盎放在眼里，哈哈大笑说："少废话，老夫就是要自己当皇帝！"他派人将袁盎扣押起来。

如果不是有人偷偷放袁盎逃跑，袁盎这条命也保不住。袁盎灰溜溜地回来报告吴王拒绝退兵。汉景帝一听，后悔白白葬送了晁错的性命。

贾谊最早预见到诸侯反噬朝廷的危机，七国之乱就是这种危机的总爆发。袁盎、晁错的人生都因为这场诸侯叛

名师带你读史记

乱发生了重大的转折。关于七国之乱的来龙去脉，我们会在《吴王濞列传》里慢慢细讲。

不绝如带

释义：形容局势危急，像眼看就要断掉的带子一样。
《袁盎晁错列传》原文：方吕后时，诸吕用事，擅相王，刘氏不绝如带。
例句：叛乱发生后，朝廷一片混乱，江山不绝如带。

千金之子

释义：指富贵人家的孩子。
《袁盎晁错列传》原文：臣闻："千金之子坐不垂堂，百金之子不骑衡，圣主不乘危而徼幸。"
例句：他如此朴素，真不像传说中的千金之子。

斗鸡走狗

释义：意思是使公鸡相斗，使狗赛跑。指旧时权贵游手好闲的无聊游戏。
《袁盎晁错列传》原文：袁盎病免居家，与同里浮沈，相随行，斗鸡走狗。
例句：无聊的人才会喜欢这些斗鸡走狗的游戏。

原典再现

景帝即位，以错为内史①。错常数请间言事②，辄听，宠幸倾九卿③，法令多所更定。丞相申屠嘉心弗便，力未有以伤。内史府④居太上庙⑤壖（ruǎn）中⑥，门东出，不便，错乃穿两门南出，凿庙壖垣。丞相嘉闻，大怒，欲因此过为奏请诛错。错闻之，即夜请间，具为上言之。丞相奏事，因言错擅凿庙垣为门，请下廷尉⑦诛。上曰："此非庙垣，乃壖中垣，不致于法⑧。"丞相谢⑨。罢朝，怒谓长史曰："吾当先斩以闻，乃先请，为儿所卖⑩，固误。"丞相遂发病死。错以此愈贵。

注释：
①内史：汉代首都及其郊区的行政长官。
②请间言事：请求单独觐见，表达政治观点。
③倾九卿：压倒九卿。指权势在朝廷中首屈一指。
④内史府：内史的办事机构。
⑤上庙：指刘邦的父亲刘太公的庙。
⑥壖中：处于正式围墙以外，外围小墙以内的空地。
⑦请下廷尉：请将他交给廷尉审判。
⑧不致于法：不算犯法。
⑨谢：谢罪，表示歉意。
⑩为儿所卖：结果竟被这个小子戏弄了。

名赋赏析

在这一篇故事中,作者把贾谊比作屈原,认为他们不仅才华学识可以相提并论,甚至怀才不遇的人生都有几分相似之处。在《屈原贾生列传》中,司马迁记载了贾谊创作的一篇非常著名的赋——《鵩(fú)鸟赋》。这篇赋既是温婉动人的抒情赋,也是铿锵有力的哲理赋,通篇寓情于理,借理抒情,文辞华美、语言精练,值得我们反复朗诵,仔细品味,得出自己的理解。

鵩鸟赋

【西汉】贾谊

贾生为长沙王太傅三年,有鸮飞入贾生舍,止于坐隅。楚人命鸮曰"服"。贾生既以谪居长沙,长沙卑湿,自以为寿不得长,伤悼之,乃为赋以自广。其辞曰:

单阏之岁兮,四月孟夏,庚子日施兮,服集予舍,止于坐隅,貌甚闲暇。异物来集兮,私怪其故,发书占之兮,筴言其度。曰"野鸟入处兮,主人将去"。请问于服兮:"予去何之?吉乎告我,凶言其菑。淹数之度兮,语予其期。"服乃叹息,举首奋翼,口不能言,请对以意。

万物变化兮,固无休息。斡流而迁兮,或推而还。形气转续兮，变化而嬗。沕穆无穷兮，胡可胜言！祸兮福所倚，福兮祸所伏；忧喜聚门兮，吉凶同域。彼吴彊大兮，夫差以败；越栖会稽兮，句践霸世。斯游遂成兮，卒被五刑；傅说胥靡兮，乃相武丁。夫祸之与福兮，何异纠纆。命不可说兮，孰知其极？水激则旱兮，矢激则远。万物回薄兮，振荡相转。云蒸雨降兮，错缪相纷。大专槃物兮，坱轧无垠。天不可与虑兮，道不可与谋。迟数有命兮，恶识其时？

且夫天地为炉兮，造化为工；阴阳为炭兮，万物为铜。合散消息兮，安有常则；千变万化兮，未始有极。忽然为人兮，何足控抟；化为异物兮，又何足患！小知自私兮，贱彼贵我；通人大观兮，物无不可。贪夫徇财兮，烈士徇名；夸者死权兮，品庶冯生。述迫之徒兮，或趋西东；大人不曲兮，亿变齐同。拘士系俗兮，羖如囚拘；至人遗物兮，独与道俱。众人或或兮，好恶积意；真人淡漠兮，独与道息。释知遗形兮，超然自丧；寥廓忽荒兮，与道翱翔。乘流则逝兮，得坎则止；纵躯委命兮，不私与己。其生若浮兮，其死若休；澹乎若深渊之静，氾乎若不系之舟。不以生故自宝兮，养空而浮；德人无累兮，知命不忧。细故蒂芥兮，何足以疑！

列传·大汉风云

60篇

【 张释之冯唐列传 】

明君的风范

有一种写作技巧叫作侧面描写，意思是不直接浓墨重彩地刻画主角，而是通过描写主角身边的人或事，间接地烘托出主角的高大形象。

在历史中，这种起到烘托主角作用的人和事也有很多。比如，张释之和冯唐虽然都不是举足轻重的历史人物，但是作为配角，他们却把一代明君汉文帝的形象衬托得光辉熠熠。

谒者，不说大话，说实话

张释之出生在一个小康人家，背景比不上西汉那些大富大贵的开国功臣，不可能在朝廷里叱咤风云。他在宫廷侍卫这个位置上摸爬滚打了十年，一直小心谨慎。后来，他终于在袁盎的提拔下，当上了谒者——汉文帝贴身的小秘书，迎来了人生中的第一次转机。

汉文帝只向张释之提出了一个要求：调门放低，别讲大话，注重实操。这岗位简直就是为张释之量身定制的。应聘成功的张释之不说大话，专说实话，即使是别人不敢说的实话，他也敢说。

有一次，汉文帝去视察自己的陵墓——霸陵的修建情况。他站在高岗之巅俯瞰山川形势，想到自己终有一死，心里顿时涌起千愁万绪。他指示身边的官员们说："我将来走了，你们要用石料把我的棺材包裹起来，再用丝絮填满所有的缝隙，最后用漆密封。这样就不怕盗墓贼了吧。"

大臣们看到皇帝亲自给工程提要求，立刻连连点头。只有张释之貌似唐突地说了一句大实话："盗墓贼要偷的是陵墓里珍贵的随葬品。只要墓穴里有宝贝，您就算用铁把整座山陵包起来，也无法挡住亡命之徒。如果您的墓穴里根本没有值钱的宝贝，你就算不用石头包裹棺椁，也没啥好担心的。"

古人讲究慎终追远，都提倡死后厚葬，张释之对皇帝说这话，简直是冒天下之大不韪。其他大臣一听他这样对皇帝说，立刻吓得脸色苍白。但是，汉文帝听了他的这番见解，非但没有动怒，反而若有所思地微微点头。

汉文帝想起不久之前，张释之还在皇宫里做过一件让大家惊掉下巴的事。当时，太子刘启带着弟弟坐马车，没有按照皇宫的规矩在禁宫门口下车。侍卫们都知道太子是未来的皇帝，所以不敢吱声。可是张释之却眼睛里揉不得沙子，径直追上去，把太子的马车拦住了。事后，他还向皇帝上书，揭发太子违法乱纪。这件事持续发酵，最后竟然惊动了太后。汉文帝只好亲自去向老母亲道歉："朕没把儿子管教好。"

汉文帝对张释之实事求是、铁面无私的处事风格非常满意，提拔他当了廷尉，相当于现代的最高法官了！

法者，天子所与天下公共

张释之执法公平，被天下尊称为"张廷尉"。现在有一句话叫作，法律面前，人人平等。其实，在两千多年前的汉朝，张释之就已经做到：就算是皇帝，也不能不守法。

有一次，汉文帝乘坐马车出巡，路上被行人惊了马。这个人被抓到张释之面前审判量刑。张释之调查之后发现，原来这人不是有意的。他听到官差们要求回避的命令，就躲进河边的桥洞里，待了大半天。后来，他以为皇家仪仗队已经过去了，就钻出桥洞看动静，没想到正撞上皇帝的马车。慌张之中，他乱跑起来，这才惊了马。张释之调查清楚案情之后，根据汉朝法令宣判："触犯天子仪仗，罚款！"

汉文帝对这个判决结果很不满意，指责张释之："要不是那匹马脾气温和，朕的马车说不定都被掀翻了。这件事危及朕的生命，你怎么能判得这么轻！"

张释之说："法令是天子与全天下都必须一起遵守的。陛下如果按照自己的想法，随便更改法令，加重刑罚，这法令就没法获得老百姓的信任了。廷尉的职责，就是让人们都知道天下是有公平的。我如果只听陛下的话来判案，百姓还能相信这世上有说理的地方吗？"

汉文帝被张释之说得没了脾气，想了半天，叹了口气道："张廷尉说得在理。"

张释之秉公执法，赢得了天下人的尊重。

汉文帝死后，继位的汉景帝就是当年被张释之拦住马车、上书揭发的太子刘启。常言道，一朝天子一朝臣。张释之当然明白这个道理，料到新天子不会善待自己，就主动辞职。

汉景帝表面上宽宏大量，既往不咎，但没过多久就把张释之赶出了朝廷，外派到遥远的淮南国当官。从此，汉朝廷尉的办事风格就发生了巨变——执法不再讲究公平公正，而是以为皇帝的意志服务为准则。司马迁在《酷吏列传》中写的就是跟张释之执法风格完全不一样的官吏的故事。

汉文帝的耿直老乡

冯唐的出身跟张释之差不多，没有什么背景和靠山。他在宫廷里当差，一直没有遇到贵人，所以也没有被举荐过。他一直干到两鬓斑白了，仍然在基层岗位。

有一次，汉文帝坐车经过，一眼就看到满头斑白的冯唐跪在一群侍从里。他觉得冯唐的灰白头发实在太扎眼了，就特意把冯唐叫过来，慰问一番："父老是从什么时候来当差的啊？您的老家在什么地方啊？"

冯唐自报家门，说自己是代国人。代国是汉文帝登基之前的封地。汉文帝从小在代国长大，对那里很有感情，立刻把冯唐当成老乡，热络地聊起往事。汉文帝深情地说："朕小时候在代国，每次吃饭的时候，都有一位老用人给朕讲赵国将军李齐在巨鹿打仗的故事。这个李齐实在太厉害了。直到现在，朕有时一端起饭碗，还会想起他来。老乡有没有听说过李齐打仗的故事？"

冯唐说："我知道李齐，但他比起从前赵国的名将廉颇、李牧可差远了。"

汉文帝爱听故事，一听这话立刻来了兴趣："您还知道廉颇、李牧？"

冯唐立刻抓住时机显摆："臣祖父当年是赵国将军，跟李牧是好朋友；臣父亲在楚汉争霸的时候当过旧代国的丞相，认识李齐。臣从小就听长辈们讲这些名将的故事。"

汉文帝一听高兴极了，立刻拉着冯唐的手听他讲故事。后来，汉文帝听得入迷，直拍自己的大腿："唉，朕如果也拥有廉颇、李牧这样的将军，还用得着担心北方的匈奴吗？"

可是，冯唐却当头泼了冷水："臣斗胆以为，就算廉颇、李牧复生，为陛下所用，也发挥不了什么作用。"

汉文帝听了这话，脸色立刻阴沉下来，甩下这位不识抬举的老乡，气呼呼地走了。

冯唐的同僚们都偷偷掩口而笑："我们还以为老冯要时来运转了，没想到他这么不会说话，白白浪费了机会。这下，他再也没出头之日了。"

帝王与贤臣的遗憾

汉文帝晚年，匈奴越来越频繁地骚扰边境，让他睡不好觉。正所谓，国难思良将。汉文帝心里总是琢磨不透冯唐说的那句话：为什么即便廉颇和李牧复生，并为我所用，也发挥不出作用呢？过了好多天，他决心把冯唐叫来问个明白。

汉文帝还是打心眼儿里把冯唐当作老乡，很客气地问："那天，您为什么当众让朕下不来台？眼下，在这个私人场合，您能具体跟我说说您的那番话到底是什么意思吗？"

冯唐听出了汉文帝的诚恳，知道皇帝并没有记仇，于是放下了思想包袱，知无不言，言无不尽。

冯唐说："古时候打仗出征，君主亲自为将军推车送行，还要跟将军约定，'国都之内，寡人说了算；国都之外，全由将军说了算'。这可不是一句空话。

"我听祖父说，赵王一旦任命李牧带军出征，就只等大军归来报告成功与否，决不干涉李牧管理队伍。李牧将军当年在边关，无论练兵打仗，还是后勤粮草，甚至军功赏伐，都由他说了算。因此，李牧才能把一身本事全部施展出来，横扫匈奴、抵抗强秦，帮助赵国一路猛进，差一点儿就成了天下霸主。可惜末代赵王听信奸臣谗言，认为李牧权力太大，竟然杀了他自毁长城。

"今天的大汉，也有像李牧一样的将军。边关有位魏尚将军，对待士卒非常体贴。他甚至自掏腰包，每五天买一头牛给将士们加餐。将士们非常拥护他，打仗不惜命，吓得匈奴都不敢靠近他驻扎的地方。

"不过，士兵们毕竟大多是粗人，不懂得跟朝廷计算军功的刀笔吏打交道。他们在战场上杀了敌人，却忘记把人头带回来，结果报军功的时候有六颗人头对不上数。魏尚将军因此被安了个谎报军功的罪名，被陛下削职法办。

"我虽然不是聪明人，但觉得陛下在这件事上，赏功太轻，罚过太严。您这样苛刻地执法，怎么能让将军们放开手脚去打仗？因此，我才会说廉颇、李牧即使复生也发挥不了作用。"

汉文帝听了老乡冯唐这一席话，觉得胜读十年书。他立刻改正错误，派冯唐去赦免魏尚，恢复他在边关的职位，让他继续带兵抵抗匈奴。

汉文帝是一位善于听取意见的明君，也想重用冯唐，只可惜遇见冯唐不久就去世了。汉景帝时，冯唐投闲置散，被调出中央，在诸侯国任职。汉武帝听说过当年给爷爷汉文帝讲名将故事的冯唐，为了抗击匈奴，想把他召回朝廷。可是，此时的冯唐已经九十多岁了，再受不了长途颠簸，只能婉拒了汉武帝的美意。

冯唐的儿子跟司马迁的父亲司马谈是好朋友。在这篇列传的最后，司马谈用十分生动的语言为冯唐讲的故事点赞："有味哉！有味哉！"对于贤臣而言，汉文帝这样的明主实在太难得。在中国古代,"冯唐易老,李广难封"的无奈与感慨才是大多数贤臣的心声。

绳之以法

释义:依据法律制裁。
《张释之冯唐列传》原文:终日力战,斩首捕虏,上功莫府,一言不相应,文吏以法绳之。
例句:他做了这么多坏事,终于被绳之以法。

顷之,上行出中渭桥,有一人从桥下走出,乘舆马惊。于是使骑捕,属之廷尉①。释之治问②。曰:"县人来,闻跸③,匿桥下。久之,以为行已过,即出。见乘舆车骑,即走耳。"廷尉奏当④,一人犯跸,当罚金。文帝怒曰:"此人亲惊吾马,吾马赖柔和,令他马,固不败伤⑤我乎?而廷尉乃当之罚金!"释之曰:"法者天子所与天下公共也。今法如此而更重之,是法不信于民也。且方其时,上使立诛之则已;

今既下廷尉，廷尉，天下之平也。一倾⑥而天下用法皆为轻重，民安所措其手足？唯陛下察之。"良久，上曰："廷尉当是也。"

注释：
①属之廷尉：交给廷尉审理。
②治问：审问。
③闻跸：听到清道戒严的声音。跸，禁止行人通行。
④奏当：奏上审判的结果。
⑤败伤：翻车伤人。败，这里指车子发生故障。
⑥一倾：廷尉的执法一旦有偏颇。

名篇赏析

有句话叫作"冯唐易老，李广难封"，其中"冯唐易老"就是对冯唐一生的高度概括。这句话出自著名的《滕王阁序》。现在我们就一起来阅读，品一品《滕王阁序》里被传颂了千年的经典名句吧。

滕王阁序

【唐】王勃

豫章故郡，洪都新府。星分翼轸（zhěn），地接衡庐。襟三江而带五湖，控蛮荆而引瓯（ōu）越。物华天宝，龙光射牛斗之墟；人杰地灵，徐孺下陈蕃之榻。雄州雾列，俊采星驰。台隍（huáng）枕夷夏之交，宾主尽东南之美。都督阎公之雅望，棨（qǐ）戟遥临；宇文新州之懿范，襜（chān）帷暂驻。十旬休假，胜友如云；千里逢迎，高朋满座。腾蛟起凤，孟学士之词宗；紫电青霜，王将军之武库。家君作宰，路出名区；童子何知，躬逢胜饯。

时维九月，序属三秋。潦（lǎo）水尽而寒潭清，烟光凝而暮山紫。俨骖（cān）騑（fēi）于上路，访风景于崇阿；临帝子之长洲，得天人之旧馆。层峦耸翠，上出重霄；飞阁流丹，下临无地。鹤汀凫渚，穷岛屿之萦回；桂殿兰宫，即冈峦之体势。

披绣闼（tà），俯雕甍（méng），山原旷其盈视，川泽纡其骇瞩。闾阎扑地，钟鸣鼎食之家；舸舰弥津，青雀黄龙之舳（zhú）。云销雨霁，彩彻区明。落霞与孤鹜齐飞，秋水共长天一色。渔舟唱晚，响穷彭蠡之滨；雁阵惊寒，声断衡阳之浦。

遥襟甫畅，逸兴遄飞。爽籁发而清风生，纤歌凝而白云遏。睢园绿竹，气凌彭泽之樽；邺水朱华，光照临川之笔。四美具，二难并。穷睇（dì）

眄（miǎn）于中天，极娱游于暇日。天高地迥，觉宇宙之无穷；兴尽悲来，识盈虚之有数。望长安于日下，目吴会于云间。地势极而南溟深，天柱高而北辰远。关山难越，谁悲失路之人？萍水相逢，尽是他乡之客。怀帝阍（hūn）而不见，奉宣室以何年？

嗟乎！时运不齐，命途多舛。冯唐易老，李广难封。屈贾谊于长沙，非无圣主；窜梁鸿于海曲，岂乏明时？所赖君子见机，达人知命。老当益壮，宁移白首之心？穷且益坚，不坠青云之志。酌贪泉而觉爽，处涸辙以犹欢。北海虽赊，扶摇可接；东隅已逝，桑榆非晚。孟尝高洁，空余报国之情；阮籍猖狂，岂效穷途之哭？

勃，三尺微命，一介书生。无路请缨，等终军之弱冠；有怀投笔，慕宗悫（què）之长风。舍簪笏于百龄，奉晨昏于万里。非谢家之宝树，接孟氏之芳邻。他日趋庭，叨陪鲤对；今兹捧袂，喜托龙门。杨意不逢，抚凌云而自惜；钟期既遇，奏流水以何惭？

呜乎！胜地不常，盛筵难再；兰亭已矣，梓泽丘墟。临别赠言，幸承恩于伟饯；登高作赋，是所望于群公。敢竭鄙怀，恭疏短引；一言均赋，四韵俱成。请洒潘江，各倾陆海云尔：滕王高阁临江渚，佩玉鸣鸾罢歌舞。画栋朝飞南浦云，珠帘暮卷西山雨。闲云潭影日悠悠，物换星移几度秋。阁中帝子今何在？槛外长江空自流。

【 吴王濞列传 】

七国之乱的根苗

汉朝开国，汉高祖刘邦立下了一条规矩：裂土封疆的诸侯王必须是他老刘家的人，不然的话，天下共诛之、共讨之。

短短五十年，言犹在耳，西汉第四位皇帝汉景帝刘启继位后的第三年，老刘家的实力诸侯王们就发起了一场声势浩大的叛乱。

参加造反的主要有吴国、楚国、赵国、胶西、胶东、淄川和济南七个诸侯国，所以，这场叛乱史称"七国之乱"。

诸侯王造反，当然是为了自己当皇帝，不过让这些老刘家的野心家决心铤而走险，与中央政权翻脸的真正原因，其实还挺复杂……

种下反叛的种子

刘邦年轻时不务正业，游手好闲。老爹刘太公整天骂他不成器："你看看你二哥，多老实本分，你再看看你，连份家业都赚不下来！"

后来，刘邦当了皇帝，盖了一座富丽堂皇的未央殿。在庆祝宴会上，他率领百官向老爹祝酒，群臣山呼万岁。刘邦得意地问："爹，您现在觉得二哥跟我，谁的家业比较大啊？"这位让刘邦耿耿于怀的二哥，就是吴王刘濞的父亲刘仲。

一开始，刘邦封刘仲为代王。代这个地方紧靠匈奴，老是受到匈奴的侵犯。刘仲老实本分，虽然很会种田，但是很不擅长打仗。匈奴大军一来，他就立刻脚底抹油——溜了。

按照汉朝的法律，临阵脱逃可是死罪，可刘邦还是对他的这位二哥网开一面，只是把他降了一级，改王为侯。

虽然刘仲没什么大能耐，但他的儿子刘濞却算得上是位将才。二十岁刚成年，刘濞就跟着皇帝叔叔去讨伐谋反的淮南王黥布，立下赫赫战功。

刘邦觉得刘濞这孩子很有出息，就封他为吴王，指望着他能镇住民风剽悍的吴越蛮夷。

吴国地跨三郡，有五十多座城池，国内有铜山可以铸钱，有大海可以煮盐，是一处富饶的鱼米之乡。在把诸侯王大印交给刘濞的那一刻，刘邦有点儿后悔了。他拍了拍侄子的肩膀，语重心长地说："天下同姓是一家，将来你可千万别造反啊。"

助长反叛的苗头

汉文帝即位，吴国太子刘贤来长安朝见，汉文帝就让太子刘启带着刘贤一起玩儿，培养老刘家下一代的感情。没想到，这堂兄弟俩没有培养出感情，却闹出了意外。

秦汉时代的吴国人尚武逞强，一言不合就火冒三丈，和现在江南百姓的温婉柔软的性格可说是天差地别。刘贤作为吴国太子，性格刚烈，在太子刘启——未来皇帝的面前也不示弱。

两个半大男孩儿一块掷骰子下棋玩儿，为了输赢争起来了。刘启身为天下的继承人，平时享受惯了别人对自己的服从，所以根本无法容忍刘贤冲自己发脾气，于是二话不说，操起棋盘就砸了过去。沉甸甸的木头棋盘正砸中刘贤的头部，顿时血流如注。古代医疗水平不行，太医回天乏术，刘贤一命呜呼。太子杀人了，汉文帝该怎么处置呢？还能怎么处置，毕竟太子还是个孩子呢……

刘贤的灵柩被运回吴国都城广陵。吴王刘濞一见儿子是站着离开躺平回来，心情无比悲痛。他又听说，汉文帝并没有惩罚太子刘启，就更光火了。他冷冷地对朝廷使者说："刘姓都是一家，刘家孩子死在长安就埋在长安，何必送回来？"使者只好尴尬地把灵柩又运回了长安。

反叛一触即发

吴王刘濞因为丧子之仇怨恨中央，从此称病再不去长安朝拜天子。

起初，汉朝官吏准备依法办事，治刘濞一个大不敬的罪名，但汉文帝最后却采取了息事宁人的策略，将计就计，派人去慰问吴王的病情，还赐给他象征朝廷优待老年人的手杖，免除了吴王定期朝拜的义务。

吴王刘濞本来已经做好跟中央拼个鱼死网破的准备，但突然被汉文帝的怀柔政策给弄得犹豫不决了。他明白造反有风险，如果自己能跟中央保持相安无事的局面，对自己没坏处。就这样，一场谋划中的叛乱消弭于无形。

但汉景帝刘启一即位，形势又发生了大转变。我们不提汉景帝跟吴王的杀子之仇，先来说说此时备受重用的晁错都给汉景帝出了什么主意。

晁错上书说："当初高祖皇帝分封天下，兄弟不多，自己的儿子们还小，所以老刘家的大小亲戚都受到重用。高祖的私生子刘肥封了齐国七十多座城，高祖同父异母的弟弟刘交封了楚国四十多座城，吴王刘濞是高祖的侄子，封了五十多座城。这三家诸侯王虽然都是同姓，但算不得骨肉至亲，却几乎分走了天下一半的土地。诸侯王太强，就成了对中央不利的隐患。您就算不逼他们，他们将来也会找准机会造反，特别是吴王刘濞，他恐怕有叛变的心思不是一天两天了。所以，您绝不能对诸侯王们心慈手软。"

汉景帝对晁错言听计从，对诸侯王的态度立刻从怀柔转为高压。楚王在为太后服丧期间行为不端，被没收了一个郡；赵王犯了法禁，被没收了一个郡；胶西王违禁卖爵位，被没收了六个县……接下来晁错削藩的大刀就要落到吴国头上了。

吴王发起反叛

汉景帝和晁错计划没收吴国两个郡。这吴国一共才三个郡，而吴王刘濞又是诸侯王里最难对付的，所以，他不可能坐以待毙，立刻反了！

造反也得有实力才行。吴国到底有多强，敢跟中央叫板呢？吴王刘濞有三大优势：**第一，吴国经济实力极其雄厚**。吴国有铜山，可以自己铸铜钱发行货币，因此吴国称得上富甲天下。**第二，吴国人善战**。当年项羽率领八千江东子弟兵就横扫天下，如今刘濞手下可有二十万大军！**第三，吴王刘濞在国内很得人心**。吴国有钱，但吴王却从不穷奢极欲，只顾自己享受，而是雨露均沾，让吴国老百姓也享受到实惠。吴国的百姓不用交人头税，服劳役还有工钱，这可是开天辟地以来头一桩，其他地方的老百姓都想逃到吴国去。

在这样的群众基础之上，吴王发布诏书："老夫今年六十二岁，小儿子十四岁，一起上阵打仗。国中父老凡是上不超六十二岁，下已满十四岁的，都一起参军！"吴国全民动员，号称五十万大军！

刘濞登高一呼，对朝廷不满的诸侯王们纷纷响应，一时间东部沿海地区都举起了反旗，跟汉朝中央政权形成了东西对峙的局面。 汉景帝一时慌了手脚，仓皇无措下，竟然杀了主张削藩的亲信晁错，想以此平息诸侯们的怒火。这时候，天下谁属，还未可知。

反叛迅速失败

七国之乱来势汹汹，却在不到三个月的时间里，就被

汉朝镇压了。这又是为什么呢？吴王刘濞有三大失算。

首先，吴王刘濞没想到齐国会变卦。齐国本来是第一大诸侯国，后来一分为七。参加吴王叛乱的胶西、胶东、淄川和济南四国，都是从齐国分出来的。他们胁迫齐王一起参加叛乱。齐王没有主心骨，一开始答应和叔伯兄弟们一起干，但后来被朝廷一威吓，又退缩了。

胶西王决定先拿下齐王再说，所以几个齐地诸侯国陷入内战，没法跟吴王刘濞合流会师。七国之乱声势虽然大，但真正的主力只有吴、楚两国，这就给了大汉中央政权逐一击破诸侯国的机会。

其次，刘濞在进军策略上太保守，失去了战机。吴国地处东南，缺少战马，因此主要靠步兵，这一点是吴国的劣势。吴国的将领们为了扬长避短，提出了很多妙计。比如，分出一路奇兵，沿江而上，夺取汉高祖当年杀入关中的武关，直插长安。再比如，快速通过中原一带开阔的平原，直奔洛阳，利用洛阳附近的山地，让汉朝的战车骑兵无法发挥机动。这些都是吸收了汉高祖成功经验的好建议，但吴王刘濞却没有刘邦当年的战略眼光，犹豫再三，还是决定正面进攻，丧失了出奇制胜的优势。

最后一点，也是吴王刘濞最重大的失算——遇上了神级对手周亚夫。周亚夫洞察了吴王想要主力决战的意图，故意避开叛军的锋芒，采取坚守策略，放手让吴楚叛军围攻梁国。

梁王刘武是汉景帝的亲弟弟。吴王一心要报杀子之仇，当然不会轻易放过刘武。叛军把梁国都城围了个严严实实。梁王不停派人向周亚夫求援，可周亚夫就是坚守不出，不给吴国围点打援的机会，反而派出机动军队包抄吴国大军的后勤补给，断绝粮道。

没了粮食，吴军军心动摇，刘濞只好放下梁国，来挑战周亚夫。但是，周亚夫设下的防御工事固若金汤，让刘濞用尽了计谋，仍然无法突破。时间一长，缺少补给的叛军士气崩溃，周亚夫乘胜追击，吴军兵败如山倒。

刘濞逃到了南方的东越国，收拾残兵企图东山再起。他没想到，此时东越已经被汉朝收买，自己被出卖了。士兵把刘濞白发苍苍的头颅装在盒子里，快马加鞭送去了长安。

从大一统的立场来看，七国之乱是吴王刘濞以下犯上，死有余辜；但是我们如果不是站在汉景帝的立场，再来看这件大事的来龙去脉，就会发现汉景帝刘启对吴王刘濞实在有所亏欠。晁错的削藩政策，与汉文帝的优容怀柔相比，的确称得上刻薄寡恩。司马迁在《史记》里称晁错之死是"反受其咎"，自作自受，其实并不过分。

成语撷英

改过自新

释义： 改正过失或错误，重新来做。
《吴王濞列传》原文： 德至厚，当改过自新。
例句： 他下定决心要改过自新了。

原典再现

初，吴王之度淮①，与楚王遂西败棘壁，乘胜前，锐甚。梁孝王恐，遣六将军击吴，又败梁两将，士卒皆还走梁②。梁数使使报条侯求救，条侯不许。又使使恶条侯于上③，上使人告条侯救梁，复守便宜不行。梁使韩安国及楚死事相弟张羽为将军，乃得颇④败吴兵。吴兵欲西，梁城守⑤坚，不敢西，即走条侯军，会下邑。欲战，条侯壁⑥，不肯战。吴粮绝，卒饥，数挑战，遂夜奔条侯壁，惊东南。条侯使备西北，果从西北入。吴大败，士卒多饥死，乃畔散⑦。

注释：
① 度淮：渡淮水。
② 皆还走梁：都逃回睢阳。走，逃跑。
③ 恶条侯于上：恶，说人坏话。向景帝告条侯见死不救的状。

④颇：有一点儿。
⑤城守：据城而守。
⑥条侯壁：周亚夫坚壁不出。
⑦畔散："畔"通"叛"。叛变，逃散。

名篇赏析

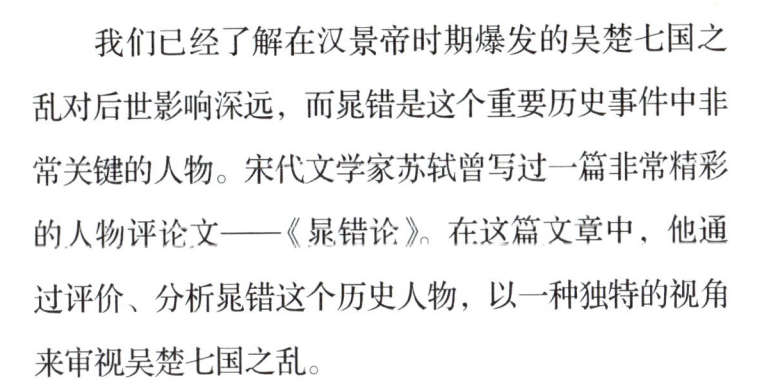

我们已经了解在汉景帝时期爆发的吴楚七国之乱对后世影响深远，而晁错是这个重要历史事件中非常关键的人物。宋代文学家苏轼曾写过一篇非常精彩的人物评论文——《晁错论》。在这篇文章中，他通过评价、分析晁错这个历史人物，以一种独特的视角来审视吴楚七国之乱。

晁错论

【宋】苏轼

天下之患，最不可为者，名为治平无事，而其实有不测之忧。坐观其变，而不为之所，则恐至于不可救。起而强为之，则天下狃于治平之安，而不吾信。惟仁人君子豪杰之士，为能出身为天下犯大难，以求成大功。此固非勉强期月之间，而苟以求名之所能也。天下治平，无故而发大难之端，吾发之，吾能收之，然后有辞于天下。事至而循循焉欲去之，使他人任其责，则天下之祸，必集于我。昔者晁错尽忠为汉，谋弱山东之诸侯，山东诸侯并起，以诛错为名。而天子不之察，以错为之说。天下悲错之以忠而受祸，不知错有以取之也。

古之立大事者，不惟有超世之才，亦必有坚忍不拔之志。昔禹之治水，凿龙门，决大河，而放之海。方其功之未成也，盖亦有溃冒冲突可畏之患，惟能前知其当然，事至不惧而徐为之图，是以得至于成功。夫以七国之强，而骤削之，其为变岂足怪哉？错不于此时捐其身，为天下当大难之冲而制吴、楚之命，乃为自全之计，欲使天子自将而已居守。且夫发七国之难者谁乎？己欲求其名，安所逃其患？以自将之至危，与居守至安，己为难首，择其至安，而遣天子以其至危，此忠臣义士所以愤怨而不平者也。当此之时，虽无袁盎，错亦未免于祸。何者？己欲居守，而使人主自将，以情而言，天子固已难之矣，而重违其议，是以袁盎之说得行于其间。使吴、楚反，错已身任其危，日夜淬砺，东向而待之，使不至于累其君，则天子将恃之以为无恐。虽有百盎，可得而间哉？

嗟夫！世之君子欲求非常之功，则无务为自全之计。使错自将而讨吴、楚，未必无功。惟其欲自固其身，而天子不悦，奸臣得以乘其隙。错之所以自全者，乃其所以自祸欤！

【 魏其武安侯列传 】（上）

魏其侯的跌宕人生

汉武帝即位时年仅十六岁，一时间无法在朝廷里建立自己绝对的天子权威。在他即位的最初几年里，朝廷的最高权力实际都掌握在以祖母太皇太后窦氏和太后王氏为首的外戚家族手里。天生具有雄才大略的汉武帝岂会对这种局面心甘情愿！

在汉武帝登基后的第十个年头，这种外戚专权的局面终于发生了重要转折。在这一年里，朝廷发生了一桩蹊跷的贵族官司，两代太后家族的重要成员——魏其侯窦婴跟武安侯田蚡（fén）发生了前所未有的剧烈冲突。

然而在这场冲突中，最终获胜的大赢家却是汉武帝，正应了那句著名的成语"鹬蚌相争，渔翁得利"。这桩官司牵涉西汉初年朝廷里方方面面的势力，真可谓盘根错节。不过，案情虽然千头万绪，但起因却很单纯，要从一个上错花轿嫁对郎的普通女孩儿说起。

窦氏的兴起

窦太后是赵国人，家乡在现在的河北。在她小的时候，家里穷，养不起姑娘，就送她去当宫女。

当时吕太后当政，下了一道命令，给每位诸侯王派五个宫女去当嫔妃。窦氏心心念念想回家乡，就拜托主事的宦官一定要把自己送回赵国去。可是，宦官安排名单时弄错了，竟然派窦氏去了代国。

代国位于现在的山西。窦氏非常不乐意，但她拗不过皇命，哭哭啼啼地来到了代国。姻缘真是不可思议，代王刘恒竟然对这个小宫女窦氏情有独钟。

吕后去世后，汉朝老臣发动政变，铲除了吕氏家族，迎接代王继承皇位。刘恒成了汉文帝，窦氏被封为皇后。一步登天的窦皇后，一心惦记家里人，把失散多年的两个兄弟都叫到身边，准备提拔他们。

可是，老臣们有了吕后专权的前车之鉴，对皇后外戚管得特别严。窦皇后一直等到汉文帝驾崩，自己成了太后，儿子汉景帝才封了两个舅舅为侯。窦太后的兄弟都是平民出身，没有什么过人的本事，也从没为朝廷立下什么功劳，所以并不能为窦氏家族带来什么福利。窦氏家族真正能靠得住的人才是窦太后的侄子窦婴。

窦氏英才的"轴"脾气

窦婴才能出众，交友广泛，很得窦太后赏识，被安排做了宫廷主管，得到大力栽培。但是，窦婴的脾气有点儿"轴"，在处理一件家事时帮理不帮亲，狠狠地得罪了姑妈窦太后。

窦太后一共生了一个女儿和两个儿子，分别是长公主刘嫖，长子汉景帝刘启，还有最疼爱的"老疙瘩"梁王刘武。

汉景帝刚即位时，还没有立太子，一次在酒宴上喝多了，当着窦太后的面，指着弟弟说："朕将来要传位给梁王。"皇帝金口玉言，说到太后的心窝里了，梁王刘武心里当然也乐开了花。

就在这一家人其乐融融的美好瞬间，窦婴突然站起来泼了盆冷水，对汉景帝说："天下是高祖皇帝打下来的。高祖皇帝规定皇位是父子相传，陛下怎么能随便坏了高祖的规矩，自作主张传位给梁王呢？"窦婴的这番话，让宴会的火热气氛降到了冰点。

窦太后没想到侄子竟然如此执拗，一点儿不顺着自己的心思说话，气不打一处来，当场沉下脸来，下令即刻撤了窦婴的职，还把他出入宫廷的通行证给作废了。可见，窦太后再也不想见这个侄子了。

魏其侯的跌宕人生

汉景帝三年，吴楚七国之乱爆发。形势危急，汉景帝急得像热锅上的蚂蚁，坐卧不安。在选择平叛大将的时候，汉景帝想起父亲汉文帝曾经任命窦婴当过吴国丞相，他由此判断窦婴必然熟悉吴国内情，正是带兵上阵的好人选。汉景帝放低身段来请，但是窦婴又犯了"轴"脾气，推辞不能承担大任。

这时，窦太后知道国家到了危难时刻，急需用人，也只好屈尊向侄子窦婴示好。窦婴这才受命出山，担任汉军大将军，跟太尉周亚夫一起出征。周亚夫负责对付东南方面的吴楚联军，而窦婴负责对付赵国和齐地方面的叛军。

窦婴会用人，推荐了袁盎、栾布这些贤臣良将，他们在平定七国之乱时发挥了重要的作用。窦婴把汉景帝赏赐的财物全部分给手下的将士，自己没拿一分钱，因此将士们都愿意为窦婴拼命。叛乱迅速被压下去，汉景帝封窦婴为魏其侯。

窦婴和周亚夫这两位帝国的大功臣，一时间风头无人能及。天下的士人都听说魏其侯窦婴管理有方，纷纷投奔到他的门下。然而，老子有句话说得好：福兮祸所伏。窦婴的仕途看似光辉，其实却隐藏着重大危机。

汉景帝四年，经历了七国之乱的汉帝国稳如磐石，汉景帝宣布立宠妃栗姬所生的长子刘荣为太子。册立太子关乎王朝兴衰，这件事必然会牵扯权力中枢的方方面面。

梁国地广人多，实力雄厚。在平定七国之乱时，梁王刘武立过大功，一心巴望窦太后帮助自己争取继承皇位的机会。

汉景帝一直提防着梁王这位弟弟，担心他将来会成为第二个吴王刘濞。但是，汉景帝碍着太后的面子，没法直接对付梁王，只能想尽办法为太子刘荣找一个可靠的师傅。

窦婴从前反对汉景帝传位给梁王，又刚平定了诸侯王的叛乱，立场坚定，能力出众，无疑是能镇住梁王的最佳人选。窦婴被封了太子傅，在新职位上一心为公。然而，窦婴的尽职尽责非但没有得到汉景帝的赏识，还招来了非议……

汉景帝是个好色之徒，当初立太子刘荣，主要原因是宠爱太子的母亲栗姬。正所谓，子凭母贵嘛。栗姬人长得漂亮，脾气也大，如今儿子当上太子，她就比平时更加嚣张，对汉景帝宠幸其他妃子的嫉妒之情溢于言表。

汉景帝渐渐觉得自己将来驾崩之后，栗姬可能会是第二个吕后，而后宫其他的妃子都有和当年戚夫人一样被砍手砍脚做人彘的危险。

这时，后宫里有一位奇女子敏锐地觉察到皇帝对栗姬的态度有了微妙的变化。经过了一场钩心斗角的后宫阴谋，这位平时不显山露水的妃子竟然扳倒了栗姬母子。汉景帝七年，太子刘荣被废，几个月后，新太子出炉。这一次后宫斗争的胜利者是王夫人和她的儿子胶东王刘彻——汉武帝就是在这一刻站在了历史舞台的中心。

废立太子这件大事在朝廷上引起了轩然大波。窦婴和周亚夫这两大功臣因为极力反对，从此都被汉景帝疏远，甚至在好多年后，窦太后几次三番想让汉景帝封窦婴当丞相，都被汉景帝找借口搪塞了。汉景帝说："魏其侯这个人容易沾沾自喜，不稳重，难以胜任丞相的大任。"

魏其侯窦婴原来是被汉景帝托付太子的大臣，现在却被汉景帝评价为沾沾自喜的轻薄之人。看来，窦婴的人生起伏都是由汉景帝的好恶喜怒决定的。

沾沾自喜

释义：指自己觉得美好而得意；多用于形容对自己的成绩感到满意，表现出一种轻浮的样子。

《魏其武安侯列传》原文：魏其者，沾沾自喜耳，多易，难以为相，持重。

例句：他取得一点儿成绩就沾沾自喜起来。

孝景四年，立栗太子，使魏其侯为太子傅。孝景七年，栗太子废，魏其数争①不能得②。魏其谢病，屏居③蓝田南山之下数月，诸宾客辩士说之，莫能来④。梁人高遂乃说魏其曰："能富贵将军者，上也；能亲将军者，太后也。今将军傅太子，太子废而不能争；争不能得，又弗能死。自引谢病⑤，拥赵女，屏闲处而不朝。相提而论，是自明扬主上之过。有如两宫螫⑥将军，则妻子毋类⑦矣。"魏其侯然之，乃遂起，朝请如故。

注释：
① 数争：数次向景帝表达不要废太子刘荣的诉求。
② 不能得：没有效果，没有达到目的。
③ 屏居："屏"通"摒"，闲居，隐居。

④莫能来：不能在朝廷供职。
⑤自引谢病：以自己有病为理由。
⑥螫：原义指蜂蝎的毒针，此处指发怒、加害。
⑦毋类：被杀光。

西汉文物——素纱襌（dān）衣

　　进入西汉之后，我国的科学、技术、文化水平都有了显著提高。在这一篇"知识链接"中，我们来了解一件代表西汉纺织技术的国宝文物——素纱襌衣。

　　素纱襌衣于1972年在湖南省长沙市马王堆汉墓一号墓发掘出土，是西汉时期的丝织品。它由精缫的蚕丝织造，单经单纬丝交织成方孔平纹。织造时，织工将纬丝强捻，捻向一致；经丝弱捻，捻向交错，因而幅面自然形成皱纹。

　　素纱襌衣的丝缕极细，表明当时的蚕桑丝品质和生丝品质都很好。孔眼均匀清晰，轻薄盈透，通身重量仅四十九克，透空率一般为百分之七十五左右，可谓轻若烟雾，薄如蝉翼。唐代大诗人白居易在《缭绫》中这样描写素纱襌衣："应似天台山上明月前，四十五尺瀑布泉。中有文章又奇绝，地铺白烟花簇雪。"可见素纱襌衣精致、华贵，代表了西汉初期养蚕、缫丝、织造工艺的最高水平。

这件出土于长沙马王堆的西汉素纱襌衣，如果除去袖口和领口等较重的边缘，重量就只有二十五克左右，折叠后甚至可以放入火柴盒中。这种高超的纺织水平不仅代表了西汉的工艺技术的发展高度，也是西汉文化艺术的杰出代表。

素纱襌衣轻薄、透明，主人如何穿着呢？《诗经·郑风·丰》："衣锦衣，裳锦裳。"多数学者认为贵为丞相夫人的辛追欲露华丽外衣纹饰，因此在色彩

素纱襌衣

艳丽的锦袍外面罩上一层轻薄透明的襌衣，使锦衣纹饰若隐若现，不仅增强了衣饰的层次感，还衬托出锦衣的华美与尊贵。有着轻柔和飘逸质感的纱衣，女子穿在身上，迎风而立，徐步而行，飘然若飞，极现女性的柔美。

西汉素纱襌衣是世界上现存年代最早、保存最完整、制作工艺最精良、质地最轻薄的一件衣服，在中国古代丝织史、服饰史和科技发展史上有着非常重要的地位。

【魏其武安侯列传】（中）

武安侯的发迹史

武安侯的背景

魏其侯窦婴虽然功劳卓著，但是跟他打对台官司的武安侯田蚡更是来头不小——汉武帝的亲妈王皇后是田蚡的姐姐。王皇后和田蚡既然是姐弟，为什么不同姓呢？这件事得从汉武帝那位了不起的外婆说起。

汉武帝的外婆名叫臧（zāng）儿，她的出身有几分传奇色彩——祖父臧荼曾经被项羽封为燕王，当年也算是跟汉高祖刘邦平起平坐的人。后来刘邦当上皇帝，第一个铲除的异姓诸侯王就是臧荼。

臧儿虽然沦为平民，却不甘心平凡，始终保有一个公主梦。臧儿嫁过两回，第一次嫁到王家，后来成了寡妇，第二次才嫁到田家。因此王皇后和武安侯田蚡是异姓姐弟。

王家和田家都不是大户人家。臧儿曾找人算命，问子女前途富贵。算命的说："你的女儿将来一定是贵不可言。"这时，臧儿女儿早已嫁人，还生了娃。但臧儿一听说女儿有富贵命，竟然生生拆散了女儿的婚姻，把她送进了太子刘启的后宫。女儿在宫里意外地受到太子的宠幸，生下三女一男。这个男孩儿就是汉武帝刘彻。

武安侯的运气

汉景帝的原配皇后没有生孩子就病死了，宫里最受宠的妃子叫栗姬。七国之乱平定以后，汉景帝就正式册封栗姬生的儿子刘荣为太子。这么一看，刘彻应该没有登上中国历史舞台的机会了。就在这时，一桩娃娃亲却扭转了历史的走向。

栗姬得了势，被大家争相巴结。汉景帝的姐姐馆陶长公主刘嫖也动了心思，想把女儿阿娇嫁给太子刘荣，期望女儿将来能当上大汉皇后。

刘嫖是窦太后唯一的女儿，汉景帝的姐姐，势力大得很。她本以为只要自己开口，一定会得到栗姬的同意，没想到，自从刘荣当上太子，栗姬就变得十分傲慢。栗姬打心眼儿里不喜欢长公主刘嫖，因为刘嫖总是给汉景帝进献美女，让她如鲠在喉。因此，栗姬看到刘嫖来提亲，想都没想就一口回绝了。

长公主碰了一鼻子灰，肺都气炸了！这时，汉武帝的亲妈王夫人趁虚而入，说："要不我们两家结个亲家呗？"历史上传说，王夫人提出这桩娃娃亲时，刘彻才四岁。

长公主刘嫖把刘彻抱到自己的膝盖上问："儿啊，你想不想娶媳妇啊？"

刘彻奶声奶气地说："想！"

刘嫖指着身边的宫女问："你娶她们做媳妇好不好？"

刘彻的头摇得像拨浪鼓似的。

刘嫖最后指着女儿阿娇问："你娶阿娇做媳妇好不好？"

刘彻用力地点头："好！要是阿娇当我媳妇，我就造个黄金的屋子让她住。"四岁的小孩儿能说出这番话，必然是妈教的。但这"金屋藏娇"的玩笑话，让长公主心花怒放，当即同意了这桩婚事。

王夫人和长公主强强联手，三年之后，太子刘荣被废，栗姬忧郁而死。王夫人摇身一变，成了王皇后。常言道，一人得道，鸡犬升天。田蚡作为王皇后的异姓兄弟，也一步登天了。

武安侯的顾虑

田蚡这个人相貌丑陋。从前窦婴最得势的时候，田蚡不过是个在窦婴面前端酒传菜的下人，但到了汉武帝登基的时候，田蚡已是朝廷里炙手可热的大红人，地位跟窦婴平起平坐了。

田蚡到处招揽名誉，想抓住新皇登基的机会，一步登上人臣的顶点——丞相的位置。**但是有识之士劝田蚡："还是把丞相让给窦婴来做，您当个二号大臣太尉也很好。"** 这么做的原因有两个：一来田蚡可以借此博得无私让贤的美名；二来十六岁的汉武帝背后，还有一位垂帘听政的窦太后，这位老祖母虽然年事已高，但丝毫没有放权的打算，因此田蚡还必须考虑一下两代太后之间的权力平衡。

事实证明，劝说田蚡的人顾虑一点儿不多余。汉武帝刚即位，就准备按自己的想法，在朝廷里推行变革，把前代皇帝推崇的无为而治的黄老治国思想全部替换为儒家学说，大兴礼乐。

这件事惹得窦太后这位黄老思想的拥护者非常不满。接着，儒学派的大臣又建议汉武帝，从今往后尽管放开手脚去干，不必再向窦太后报告政事。消息传到窦太后耳朵里，老太太气得火冒三丈。窦太后发威了，立刻改变了朝廷的风向，儒学派的大臣死的死逃的逃，支持儒学改革的丞相窦婴和太尉田蚡也受到牵连，被撤了职。

雄心勃勃的少年君主汉武帝改革一败涂地，受到了一次严厉的教训。

武安侯的隐患

窦太后发动政变，把魏其侯窦婴、武安侯田蚡都免了职。这次冲击对窦婴来说，是人生的分水岭——从此他开始走下坡路；而对田蚡来说，却不过是蓄势待发。

人人都知道，窦婴彻底失去了窦太后这座靠山；而田蚡，却还有王皇后这棵大树遮风挡雨，未来有的是机会。世态炎凉，人情冷暖，窦婴的府上渐渐门可罗雀，越来越冷清；而田蚡家里却是门庭若市，门槛都快被拍马屁的人踩烂了。

汉武帝即位的第六年，太皇太后窦老太太薨逝，窦氏外戚的时代宣告终结。

田蚡终于如愿以偿地登上了丞相之位。他仗着有姐姐王太后撑腰，不把任何人放在眼里，即便在家里吃饭，哥哥也不能跟他争主座。田蚡说："公是公，私是私，大哥哪能跟丞相比。"

田蚡甚至连皇帝也不放在眼里。他自认为是皇帝的舅

名师带你读史记

舅，每次找汉武帝商量事情，态度都非常随意，并且说一不二，甚至连大官的任免也都由他一个人说了算。有一次，汉武帝都急眼了，说："舅舅你有完没完，朕也有想提拔的人呢！"

还有一次，田蚡觉得自己的府第不够气派，请求拆掉朝廷的手工作坊让他扩建宅子。汉武帝这回真火了，拍着桌子问："要不要拆掉朝廷的武器仓库给你腾地方！"从此田蚡在皇帝面前才稍微收敛了一点儿。

汉武帝对田蚡的不满，丝毫没有减弱田蚡的权势。这位目中无人的丞相还要骑到窦婴的头上。一位是完全靠裙带关系上位的当红权臣，一位是曾经功劳卓著的过气老臣，两代外戚之间究竟会摩擦出怎样的火星呢？

相得甚欢

释义：用于形容双方相处融洽，非常快乐。
《魏其武安侯列传》原文：两人相为引重，其游如父子然。相得驩甚，无厌，恨相知晚也。
例句：他们是多年的朋友，一直相得甚欢。

相知恨晚

释义：以未能早成知己为憾事，形容新交的朋友十分投合。

《魏其武安侯列传》原文：两人相为引重，其游如父子然。相得驩甚，无厌，恨相知晚也。

例句：他们一见如故，相知恨晚。

原典再现

武安者，貌侵①，生贵甚②。又以为诸侯王多长③，上初即位，富于春秋，蚡以肺腑④为京师相，非痛折节⑤以礼诎之，天下不肃。当是时，丞相入奏事，坐语⑥移日，所言皆听。荐人或起家至二千石，权移主上⑦。上乃曰："君除吏⑧已尽未？吾亦欲除吏。"尝请考工地益宅⑨，上怒曰："君何不遂取武库⑩！"是后乃退。

注释：
①貌侵：身材短小、面容丑陋，其貌不扬。
②生贵甚：出身于权贵的家庭（因而自小便傲慢、骄横）。
③多长：与新即位不久的汉武帝相比，大部分人年龄比较大。

④肺腑：比喻关系很亲近。
⑤折节：压抑。
⑥坐语：坐着与皇帝说话，以此表示他极受恩宠。
⑦权移主上：把皇帝的权力都夺移到自己身上。
⑧除吏：任命官吏。
⑨考工地益宅：扩大考工署所占有的地盘。益，扩大。
⑩武库：国家储藏兵器的仓库。

西汉文物——长信宫灯

　　通过以上两个故事，我们了解到在魏其侯与武安侯的斗争中，窦太后是个很关键的人物。她所住的长信宫里有一件弥足珍贵的国宝文物——长信宫灯。

　　长信宫灯是西汉时期的青铜工艺灯具，1968年出土于河北满城中山靖王刘胜之妻窦绾的墓葬中。长信宫灯造型独特、设计巧妙。它不同于秦汉时期一般的仿生动物造型，而是一位朴素的宫女人俑的造型，通体鎏金，上面刻有"长信尚浴"等铭文共六十五字，由内而外透出皇室的高贵典雅。

　　长信宫灯是一款带烟道的座灯，全器分为头部、身躯、右臂、灯座、灯盘和灯罩六个部分。这六个部分有机地结合在一起，拆卸、清洁都很方便。

　　灯的灯盘可以转动，灯罩由内外两片弧形屏板组成，能自由开合以调整灯光所照的方向及亮度。人俑的身体是空的，头部和右臂也可以拆卸。人俑的左手托住灯座，右手提着灯罩，衣袖和右臂被设计成烟道，与灯相通，以手袖作为排烟的管道。灯盘中心和钎上插上蜡烛，点燃后，烟会顺着宫女的袖管进入体内，不会污染环境，可以保持室内清洁，既节能实用，又美观大方。宫灯表面没有过多的修饰物与复杂的花纹，在同时代的宫廷用具中显得较为朴素。

　　据考证，长信宫是汉景帝时皇太后窦氏居住的宫殿，这盏灯被放在长信宫里使用，故被称为长信宫灯。史书中有记载，刘揭之子刘中意因参与吴楚七国之乱而遭到废黜，封地与家财都被收归国有。长信宫灯在这场变故中被送入窦太后的长信宫浴府使用，因此被刻上了"长信尚浴"的铭文。而长信宫灯之所以会出土于中山靖王之妻窦绾的墓，是因为窦绾是窦太后的裔亲，这盏长信宫灯是窦太后送给窦绾的。

　　长信宫灯不仅在汉代宫灯中是首屈一指的精良之作，即使到了今天，它所代表的精美绝伦的制作工艺和巧妙独特的艺术构思，也被公认为是我国工艺美术的巅峰之作和民族工艺的杰出代表。1993 年，长信宫灯被鉴定为国宝级文物。

长信宫灯

【魏其武安侯列传】(下)
西汉第一悬案

魏其侯的"铁粉"——灌夫

窦婴是一位忠厚长者,不会跟田蚡这种势利小人一般见识。可是后来,大老粗灌夫在窦婴和田蚡这两位大人物之间一搅和,事情的发展就变得不可收拾了。

灌夫年轻时参加平定七国之乱的战争,为了给战死沙场的父亲报仇,孤身闯敌营,虽然杀得遍体鳞伤,但好在保住了一条命。灌夫凭借这股拼命三郎的狠劲儿,名满天下。但是,这奋勇杀敌、当仁不让的名声也给他惹了不少麻烦。在老家,他的乡亲们都觉得他很莽撞,做事霸道,对他评价并不高。在官场,别人处处谨小慎微,只有他不拘小节，显得格格不入，人缘也不好。灌夫还有一个致命的毛病——酗酒。他一旦喝醉，就算是天王老子也不放在眼里。

灌夫虽然性格粗糙，但也有可爱的一面。他对待自命不凡的权贵非常不客气，甚至一言不合就拳脚相加；但对待困苦中的有才之士，却非常热情，绞尽脑汁为人家寻找出人头地的机会。

灌夫知道窦婴和田蚡势不两立，朝廷里趋炎附势的家伙都去追捧田蚡，他对此嗤之以鼻，铁了心地支持窦婴。灌夫的仗义让窦婴大为感动。窦婴觉得，灌夫在自己虎落平阳时如此不离不弃，可谓患难见真情。

灌夫三气武安侯

灌夫虽然仗义，但真的非常鲁莽，为了帮窦婴争回面子，跟田蚡爆发了三次剧烈的冲突，最终把窦婴与田蚡的矛盾激化到你死我活的地步。

我们先来说说第一次冲突。一天，灌夫家里正在办丧事，他穿着居丧的服装，就去丞相田蚡家串门。他这明摆着是把自家的晦气送到田家去了。田蚡知道灌夫是个愣头青，不好惹，就说了一句意味深长的话："我本来想着明天请你一起去魏其侯窦婴家吃顿饭，没想到你家有丧事不方便啊。"他这话的意思是，你怎么不把晦气带到你朋友窦婴家里去啊！

灌夫是个粗汉，根本没听懂田蚡这句话的弦外之音，拍着胸脯就要跟田蚡敲定吃饭这事。田蚡只当灌夫又在胡搅蛮缠，就随口答应了。

事后，灌夫果然把田蚡要来做客的话传给了窦婴。忠厚的窦婴自然不敢怠慢，不仅亲自跟夫人一起去集市上挑好酒好肉，还在宴会的前一天晚上打扫庭院屋舍，让家里上上下下都做好了招待丞相的准备。

到了宴会的正日子，窦婴和灌夫等到大中午也没见到田蚡的人影。灌夫气冲冲地跑到丞相府，发现田蚡还在睡大觉，就气愤地嚷嚷起来："魏其侯夫妇听说你要去做客，连早饭都没吃，就等着你呢！"就这样，粗汉灌夫硬拽着田蚡来到窦婴家。酒席上，灌夫越想越生气，借着酒劲儿对田蚡骂骂咧咧。窦婴眼看情形不对，赶紧让人把灌夫扶走，自己赔着笑脸劝田蚡消气，费了好大力气才把灌夫惹的麻烦给抹平了。

第二次冲突是田蚡主动出击。田蚡贪财，看中了窦婴家在长安城南的良田，派人去要。这下就把窦婴给惹了。他生气地说："老夫虽然不受朝廷重用，但是也不能任由丞相仗势欺人啊！"灌夫听说这事，更是暴跳如雷，骂了很多非常难听的话。

很快，灌夫的恶言恶语传到了田蚡的耳朵里，田蚡立刻拍着桌子，隔空痛骂："窦婴这个老东西，忘恩负义！当初他儿子犯法，是我救了他儿子的小命。现在我要他家几亩地，他就这么小气。他不想给我这块地就算了，还让灌夫在一边捣乱！"后来，田蚡嘴上虽然说算了，却在暗地里搜罗灌夫的把柄，想利用灌夫在老家人缘不行的弱点，罗织灌夫违法乱纪的罪名。

灌夫当然不好对付，他与田蚡针锋相对，派人去查田蚡暗地里勾结诸侯王的不法行为。双方一时间闹得不可开交，最后还是双方门客出来调停，才避免了两败俱伤的结局。

第三次冲突发生在田蚡娶新夫人的婚宴上。这一次闹得最激烈，大家彻底撕破了脸皮。

我们已经了解，田蚡的姐姐是王太后，他又是当朝丞相，权倾一时。田蚡娶新夫人，王太后下旨让百官都去给她弟弟道贺。灌夫本不想去凑这个热闹，却拗不过窦婴非要请他同去。窦婴认为，这正是他们跟田蚡冰释前嫌的好机会。但没想到，酒宴上发生了一件事，让灌夫瞬间情绪失控——

婚宴开始，新郎官田蚡亲自向大臣们祝酒，大臣们全部恭恭敬敬地从座席上起身答谢；而魏其侯窦婴为大家祝酒时，除了一些当年的老朋友起身致意，其余人都留在座席上答谢。

灌夫本来就看不惯这些趋炎附势的人，再加上又喝了几杯酒，顿时冒起了无名火。他端着酒杯来到田蚡面前敬酒，想找茬磕作。

田蚡一看是灌夫这个讨厌的粗汉，根本不领这个情。灌夫悻悻然地一扭头，看到边上一桌坐着自家的一个晚辈，正和人交头接耳，窃窃私语，就把一腔怒火撒到了这个晚辈身上："老子在这儿敬酒，你却装着看不到，什么意思！"接着，便是一顿臭骂。有人过来劝他，却被他粗暴地推倒在地。他一边晃着膀子，一边嚷嚷："今天谁也别拦我，我的脑袋掉了不过碗大的疤！"大臣们一见这情形，都吓得纷纷告辞。

田蚡一看自己的喜事被搅黄了，顿时暴跳如雷，命令武士们逮捕灌夫，关进大牢。他准备用破坏太后旨意的罪名治灌夫死罪。

这下窦婴坐不住了，后悔自己硬拽着灌夫来吃喜酒，惹出这泼天大祸。所有人都像避瘟神一样避开了灌夫，只有窦婴一个人挺身而出，找皇帝主持公道。

魏其侯对决武安侯

汉武帝对这场喜宴风波似乎很感兴趣，召集文武百官一起到王太后住的长乐宫来围观这场御前"廷辩"。所谓廷辩，就跟现在学校里举行的辩论赛很像。

第一场是魏其侯和武安侯两个人开场的单独陈述，两代外戚相互揭短，田蚡指责灌夫，窦婴指责田蚡，田蚡又指责窦婴，双方纠缠不清。

第二场就是群臣百官在王太后和汉武帝面前交叉辩论。大臣们个个首鼠两端，全都在看风向、和稀泥。整个朝廷上，只有一个半人明确支持窦婴。怎么还有半个人呢？因为他开头支持，后来一看大伙都不吭声，又退缩了。

汉武帝气坏了，指着大臣说："平时你们说人长，道人短，头头是道，现在要你们主持公道，都成了缩头乌龟、墙头草，朕真想砍了你们这些没用的脑袋！"

大臣们没主意，草草散朝。廷辩进入最后的环节，由评委汉武帝和王太后拿主意了。这个环节就更没有悬念了，王太后为了弟弟田蚡跟汉武帝置气，竟然闹到了绝食的地步。她给汉武帝施压："我还活着喘气呢，弟弟就被这样欺负，等到我咽了气，那弟弟岂不跟桌上的菜一样，随便让人鱼肉！皇帝你不替自家舅舅出头，当真是铁石心肠吗？"

太后闹到这个份儿上，案情发展急转直下：不仅灌夫被定了罪，连窦婴也受到牵连，被安了一个替灌夫做伪证的罪名，被关押起来……

谁是终极赢家

按说，事情发展到这里，似乎没有像我们一开始说的那样，有任何奇特的剧情。别着急，接下来发生的一连串事情就超出了常理。

窦婴在大牢里听说灌夫被判处满门抄斩，为了救老朋友，不得已使出了最后的撒手锏——一封先帝遗诏。据说这是汉景帝在临死前交给窦婴的，让他将来有难时，拿这封遗诏找皇帝求助。这就相当于一道免死金牌！

朝廷的规矩是，凡是皇帝的诏书都至少是一式两份，官里藏一份底本，以防手持诏书的人弄虚作假。按常理来说，窦婴在命悬一线的紧要关头，绝不会拿出一封假遗诏来，让自己罪上加罪。可是，窦家人拿出的这封遗诏，在官里竟然查不到底本！窦婴因此又被扣上一个欺君的大罪。他被执行死刑的日子也特别蹊跷——一年中的最后一天。正月初一是春季的开端，按照汉代法律，春季是不能处决犯人的。安排窦婴在正月初一之前伏法，就是为了不让窦婴的案件再拖出变数来，可见有人非要置窦婴于死地。

灌夫、窦婴都死了，田蚡是不是笑到最后了呢？并没有。到了春天，身强力壮的武安侯田蚡突然得了急病，浑身疼痛，像被人狠狠地殴打过一样，医生们都束手无策。

汉武帝派了一个巫师去瞧病。巫师走近田蚡的病床一瞧就吓了一跳，据说他看到灌夫和窦婴的鬼魂守在床头，向田蚡索命，而田蚡就像疯子一样跪在床上，不停地叩头谢罪。

没过多久，田蚡就在疯癫中病死了。王太后失去了这个弟弟，就好像被斩断了控制朝政的臂膀，汉武帝终于迎来了独揽大权的时代。

窦婴、田蚡死去的这年，汉朝还发生了一件大事：王太后为汉武帝说下的娃娃亲——长公主刘嫖的女儿陈阿娇被打入了冷宫。她是汉武帝曾童言无忌要"金屋藏娇"的皇后，如今却被视为皇后外戚的势力，治了个在宫廷中使用违禁的巫术的罪名被铲除。汉武帝成为魏其武安侯大案最后的大赢家。

田蚡的病症状很像水银中毒。现代研究表明，水银中毒会导致精神失常、神经疼痛乃至死亡。而在秦汉时代，水银是炼丹术中最重要的原材料。在汉武帝的身边，有一群为他寻求长生不死药的方士长期围绕着。是不是有人给田蚡下了水银的毒？窦婴的那封遗诏为什么没在宫里找到底本？为什么王太后失去对朝廷的控制以后，陈皇后立刻就被废了？此时的巫术被定为违禁之物，到了汉武帝的晚年，"巫蛊之祸"为什么又能掀起血雨腥风？……

这些问题，值得我们每个人细品。

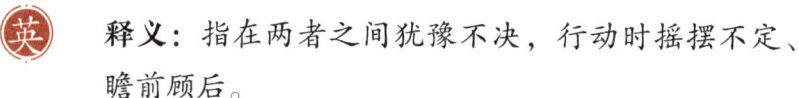

首鼠两端

释义：指在两者之间犹豫不决，行动时摇摆不定、瞻前顾后。

《魏其武安侯列传》原文：武安已罢朝，出止车门，召韩御史大夫载，怒曰："与长孺共一老秃翁，何为首鼠两端？"

例句：你这样首鼠两端，什么事情都做不成。

灌将军夫者，颍阴人也。夫父张孟，尝为颍阴侯婴舍人①，得幸，因进之至二千石，故蒙②灌氏姓为灌孟。吴楚反时，颍阴侯灌何为将军，属太尉③，请灌孟为校尉。夫以千人④与父俱。灌孟年老，颍阴侯强请之，郁郁不得意，故战常陷坚⑤，遂死吴军中。军法，父子俱从军，有死事，得与丧归⑥。灌夫不肯随丧归，奋曰："愿取吴王若将军头，以报父之仇。"于是灌夫被甲持戟，募军中壮士所善愿从者数十人。及出壁门⑦，莫敢前。独二人及从奴⑧十数骑驰入吴军，至吴将麾下⑨，所杀伤数十人。不得前，复驰还，走入汉壁，皆亡其奴，独与一骑归。夫身中大创十余，适有万金良药，故得无死。夫创少瘳（chōu）⑩，又复请将军曰："吾益知吴壁中曲折，请复往。"将军壮义之，恐亡夫，乃言太尉，太尉乃固止之。吴已破，灌夫以此名闻天下。

注释：

①舍人：依附于权门贵族，因为提供服务而受主人亲近、信赖的人。

②蒙：冒着。

③属太尉：在周亚夫部下。

④千人：汉代下层军官名，主管千名士兵。

⑤战常陷坚：在战场上常常攻击敌军的坚固阵地。

⑥有死事，得与丧归：若父子之中有一人阵亡，另一人则可以护送棺木回家。

⑦壁门：营门。

⑧从奴：从自己家里带来的奴仆。

⑨至吴将麾下：冲到了一位吴国将军的战旗之下。

⑩少瘳：稍微恢复了一点儿。

西汉文物——金缕玉衣

在《魏其武安侯列传》的故事最后，我们了解到，无论是魏其侯窦婴、武安侯田蚡还是脾气暴躁的灌夫，最终殊途同归，死于非命。在这一篇"知识链接"中，我们来了解一件西汉时期用于丧葬的国宝级文物——金缕玉衣。

金缕玉衣主要出土于河南、江苏、河北、安徽、山东，是汉代皇帝和高级贵族死后穿用的殓服，外观与人体形状相同。大部分学者认为，用玉衣入葬，始于西汉中早期，盛行于武帝时代，止于东汉末年。到了现代，全国共发现玉衣二十余件，在河北省满城西汉中山靖王刘胜及其妻窦绾墓出土的两件金缕玉衣的考古价值最高，是考古史上首次发现，并且是保存最完整的汉代玉衣。

玉衣可分为头部、上衣、下裤、鞋和手套五部分。玉衣所用玉片为岫岩玉，依据死者的体形裁成长方形、三角形、菱形以及其他多边形。每片玉上都钻有小孔，相邻的小孔间用金丝连缀。与玉衣同时出土的还有盖在死者身上的小玉件，包括头部的眼盖、鼻塞、耳塞、口琀，胸部、背部的玉璧，下腹部的生殖器罩、肛门塞和手中的玉饰。

《后汉书·礼仪志》规定，只有皇帝及部分近臣才能使用金缕玉衣。金缕一般有单股的、多股的，还有拧成麻花状的。金丝的编缀有交叉式、套联式、并联式、结联式等多种方式。其他贵族使用银、铜线缀编的，称为"银缕玉衣"或"铜缕玉衣"。刘胜是诸侯王，却能够穿金缕玉衣入葬，有一种可能是，刘胜与汉武帝关系亲密，汉武帝特赐刘胜金缕玉衣；另一种可能是，刘胜去世时，玉衣的入葬制度还不完善。

在两千多年前的西汉时代，生产水平还十分落后，工匠制作一套金缕玉衣是一项非常复杂的工程。他们需要从遥远的地方运来玉料，然后挑选出数以千计的玉石进行设计、比对、打磨、钻孔、抛光等。最后用丝线将几千片玉片进行编缀。由此可见，金缕玉衣所花费的人力和物力是十分惊人的。将玉片编缀成衣后，上千片小小的玉片排列整齐，对缝严密，圆润

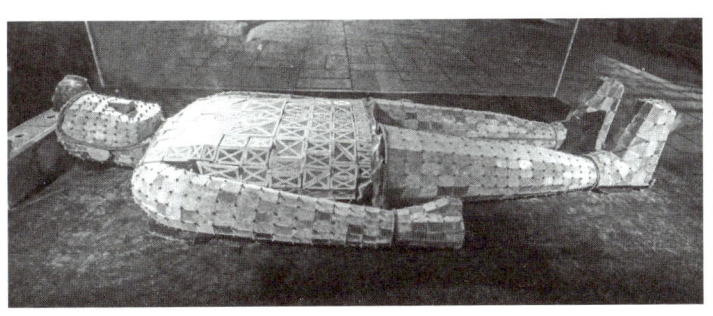

金缕玉衣

平整，颜色协调，反映出玉师杰出的技艺。但是经测算，在当时的生产力水平下，一位技术娴熟的玉师制作一件玉衣大致需要辛勤劳作十余年，其制作费用相当于汉代一百户中等人家资产的总和。

列传·大汉风云

65篇

【 李将军列传 】

生不逢时的名将

飞将军李广，是司马迁在《史记》里塑造的又一位悲剧英雄形象。

李广这个人对司马迁来说，有非常特殊的意义：

李广的孙子李陵，也是一员名将。在汉武帝晚年，李陵曾率五千步卒血战匈奴单于主力，杀敌过万，最终因孤军深入没有援军而力屈投降。司马迁因为在朝堂上帮李陵说了几句公道话，触怒了汉武帝，被处以残酷的腐刑，遭受了无穷无尽的耻辱。

在《李将军列传》里，司马迁倾注了很多的心血，用非常细腻的笔触，刻画了一位虽然命运多舛，但是千古流芳的名将。

李广善射

李广出生在名将世家，他的祖先李信是秦朝大将，在讨伐北方燕国的时候，曾抓获刺杀秦王嬴政的主谋燕太子丹。射箭是李家世代相传的本领，传到李广这一代，更是得以发扬光大。

李广长得比一般人高大，两个手臂伸展开来也比一般人更长，和长臂猿有点儿像。所以，李广张弓的时候，就能把弓拉得特别满，射出去的箭也特别有力，飞行的距离就特别远。

李广非常喜欢射箭，把射箭当成游戏。他在行军打仗时只要一得空，就拉着将士们比射箭。常言道，熟能生巧，巧能生精。李广天赋异禀，再加上勤学苦练，他的箭术很快达到了出神入化的地步。

有一回他上山打猎，一阵山风吹过，远处隐约有一只猛虎正趴在草丛中准备扑上来。他抽箭就射，一箭射中似是而非的"猛虎"。他下马走近一看，原来"猛虎"是一块大石头，而他射出的箭头已经深深扎进石头里了。

匈奴是游牧民族，向来对骑射技术充满自信，但是一听说能骑善射的李广来了也很发怵。

有一回，汉军一支几十人的骑兵小队在草原上遭遇了三个匈奴人。两军对战，匈奴人箭无虚发，汉军小队几乎全军覆没。有人逃回来向李广汇报。

李广一拍大腿道："那三人肯定是匈奴中射雕的勇士，待我去会会他们。"李广带了几百号骑兵追了几十里，终于追上了那三个匈奴人。李广单人匹马上前挑战，射死两人、活捉一人。他一拷问俘虏，得知对方果然是射雕勇士。

这时候，匈奴一方得到前线交火的消息，派出数千骑兵杀到。李广沉着冷静，以一当十。他故意制造大军在后的假象，而匈奴骑兵也忌惮李广神奇的射术，不敢轻易发动进攻。双方僵持了一夜，最后各自撤兵。后来，这一场汉匈箭术的巅峰对决被传为美谈。

李广难封

可惜，在李将军的生命中，这样的高光时刻只是一晃而过。在《李将军列传》中，司马迁突出的是"李广数奇"，"数奇"的白话意思就是"倒霉"。

有一个典故，叫作"李广难封"，说的是李广一辈子在沙场上奋勇厮杀，武功卓绝，可是始终没有封侯拜将、光宗耀祖，最后落了个悲愤自杀的下场。

李广生前也想不通，自己为什么这么倒霉呢？他的弟弟李蔡，无论是人品还是武功，都远远不如他，却因战功

名师带你读史记

被汉武帝封为乐安侯，后来还当上了丞相。

李广去问一位叫王朔的术士。王朔问他："你生平可曾做过什么亏心事？"

李广想了想说："当年我在家乡陇西镇压羌人的叛乱，诱降了八百羌兵，可我却言而无信，把这些俘虏都杀了。直到现在，我只要一想起这件事来还是揪心。"

王朔说："杀害降兵是最不祥的祸害，将军无法封侯，正是由于这件事啊。"王朔的这种说法显然毫无依据。

我们纵观李广一生，其实能清晰地看到导致李广总是倒霉的非常切实、直接的原因。

李广年轻时应征入伍抗击匈奴，崭露头角，引起了汉文帝的注意。可惜，汉文帝志不在开疆拓上，不愿意加深与匈奴的矛盾，李广一身本领无用武之地。汉文帝也很为他惋惜："你生不逢时啊，要是你早点儿出生，跟着高祖皇帝一起打天下，万户侯岂足道哉？"

到了汉景帝时代，暴发了七国之乱，李广终于能够大显身手了。在平叛的战斗里，他在汉军主帅周亚夫手下效力，在战场上夺得了叛军军旗，一战成名。

朝廷论功行赏，却没有把李广的功劳算在内。朝廷难道眼瞎了吗？原来，七国之乱的主战场在当时的梁国，而梁孝王刘武是汉景帝的亲弟弟，深得母后窦太后的宠爱。李广立功解了梁国的重兵之围，得到梁王赏赐的一枚将军大印。这就犯了汉景帝的忌讳。

原来，窦太后一直想让汉景帝在驾崩后把皇帝的宝座传给弟弟刘武。汉景帝是个表面宽宏大量，内心却十分记仇的人。他知道梁王觊觎帝位，心里就开始提防，只是表面上不动声色。

朝廷里的很多大臣都感受到这股涌动的暗流，只有李广丝毫没有察觉。十年之后，梁王病死，李广得到的那枚梁国的将军印跟一块烂石头没什么分别。

五战匈奴

汉武帝即位时，李广不再是当初的英武少年，已经是年过四十的中年人了。不过这时，他的命运好像迎来了转机。汉武帝一心要建立不世武功，正需要李广这样有真才实干又威名远扬的将军。

汉武帝一登基就任命李广当了皇帝禁宫未央宫的禁军统帅，充分显示了对他的信任。李广本想着终于等来了建功立业的机会，没想到却迎来了真正倒霉的岁月。

常言道，国家用兵日，男儿立功时。自从汉武帝挑起汉朝和匈奴的全面战争后，李广亲身参加了五次重大战役。在连年征战中，卫青、霍去病这一批后起之秀纷纷涌现，其余因战功而获封侯的将领也有数十人，可李广这员老将仍旧什么功劳都挣到。

汉武帝发动的第一场跟匈奴的战争——马邑伏击战，李广就作为主力参加了。在这场战役中，李广眼看匈奴单于就要踏入几十万汉军的包围圈，不料消息走漏，功亏一篑。

四年后，李广跟卫青等青年将领带兵分头出击。李广走雁门关一路出塞，遭遇匈奴主力，最后寡不敌众，兵败被俘。单于早就听过李广的威名，叫手下一定要活捉李广，不许杀害。李广因此抓住机会，夺了马匹、弓箭逃了回来。李广惨败，本当斩首，可凭着从前的战功赎为平民。

汉武帝一直对李广念念不忘。过了几年，他又任命李广为抵御匈奴的前线边境太守，接着又提拔李广到中央朝廷当了负责侍卫皇帝的郎中令。这足以说明汉武帝有多么器重李广。

没多久，李广以属下的身份跟从大将军卫青出征。经过这一仗，卫青帐下的许多将领都立功封侯，可李广连跟敌军交锋的机会都没有，更别提有什么封赏——这可真是奇怪了。

又过了两年，李广率领四千骑兵，配合博望侯张骞的一万骑兵共同作为大将军卫青的侧翼深入匈奴。这一回是李广单独立功的好机会，可是没想到，张骞的部队走错了路，没有在约定时间抵达约定地点跟李广会合。李广孤军深入，遇到匈奴左贤王四万兵力。李广奋力死战，部队死伤过半，张骞才率军赶到。匈奴左贤王已被李广杀得大伤元气，只好撤退，而疲惫不堪的汉军也无力追击。这一回，李广又一次与封侯的机会失之交臂。

李广参加的最后一场战役，就是卫青、霍去病大出风头的漠北之战。这时，李广已经年过六十了。大军在前线截获了单于所在的重要情报，李广主动请缨当前锋出战。

大军出发之前，汉武帝却偷偷告诫卫青，李广这个老头太倒霉，不要让他当主力。卫青也有私心，想让自己的好兄弟公孙敖跟在身边，日后立功受封。于是，卫青指派李广走东路侧翼迂回接应。

李广坚决请求跟从主力，可卫青就是不答应，李广只好愤愤不平地接受了命令。这一回，因为没有向导，李广的军队在大漠中迷路，没能如期与主力会合。

战后，大将军追问李广的责任，李广感叹道："我自成年与匈奴进行大小七十余战，现在六十多岁了，天命如此，我不愿再去面对刀笔小吏的盘问。"于是，他怀着一腔怨气，举刀自刎。

桃李不言，下自成蹊

李广的命运，究竟是被天意操纵，还是由帝王的好恶决定的呢？有才能的人，不一定就会有实现自己人生价值的机会。我们不要以为李广的遭遇只是一个小概率事件。古人说，人生不如意十之八九。司马迁之所以会对李广抱有深切的同情，其实也是对自己遭遇重大变故的一种感慨。

司马迁在《李将军列传》的最后写道，李广不善言辞，看上去就是一副老实本分的样子，然而他的光辉战绩却天下闻名。李广的死讯传开，听闻噩耗的人无论是否跟李广有交情，都为之惋惜、哀痛。

司马迁形容道，李广仿佛是田野边盛开的芬芳桃李，默默无声，但人们从来不会忘记桃李的绝世芳华，每年来踏青的人潮在花荫下踩出了一条深深的路痕。君子的风流，又岂在一世的功名？

飞将数奇

释义： 比喻能人而境遇不好。

《李将军列传》原文： 大将军青亦阴受上诫，以为李广老，数奇，毋令当单于，恐不得所欲。

例句： 他很能干，也想出力，但总是出意外，真是飞将数奇。

桃李不言，下自成蹊

释义：原义是桃树、李树不会说话，但因其花朵美艳，果实可口，人们纷纷去采摘，便在树下踩出一条路来；比喻为人真诚实在，自然能感召人心。

《李将军列传》原文：谚曰："桃李不言，下自成蹊。"

例句：桃李不言，下自成蹊，李老师的教学水平不需要任何奖状来证明。

广廉，得赏赐辄分其麾下①，饮食与士②共之。终广之身，为二千石四十余年，家无余财，终不言家产事。广为人长，猿臂③，其善射亦天性也，虽其子孙他人学者，莫能及广。广讷口④少言，与人居则画地为军陈⑤，射阔狭⑥以饮。专以射为戏，竟死⑦。广之将兵，乏绝⑧之处，见水，士卒不尽饮，广不近水；士卒不尽食，广不尝食。宽缓不苛，士以此爱乐为用。其射，见敌急，非在数十步之内，度不中不发⑨，发即应弦而倒。用此，其将兵数困辱⑩，其射猛兽亦为所伤云。

注释：

①辄分其麾下：总是分给他的部下。

②士：士卒。

③猿臂：其臂像猿一样又长又灵活。

④讷口：不善言辞。

⑤陈："陈"通"阵"。

⑥射阔狭：比赛看谁射得准。

⑦竟死：一直到死都是这样。

⑧乏绝：缺粮少水的时候。

⑨度不中不发：估计射不中的话，就先不射箭。

⑩数困辱：多次被敌所伤，甚至被敌所俘。

边塞诗《老将行》赏析

　　《老将行》是唐代诗人王维创作的一首边塞诗。他在此诗中塑造了一位忠心报国的老将，叙述了他一生征战沙场，即便不被认可，甚至遭到弃用，仍然不放弃报效祖国的志愿，在边地狼烟重燃时，希望再度投身战斗的故事。

　　全诗分为三部分，开头十句是第一部分，写主人公还是青年时，便是智勇双全的人才，也曾立下赫赫战功，却遭遇不公的对待；中间十句为第二部分，主要描写主人公空有一腔爱国之情和满身的才华，却遭到弃用，过着清贫、苦闷的生活；最后十句为第三部分，写边境重燃战火，主人公已经不再年轻，却仍旧怀着上阵杀敌、报效祖国的热忱，希望重上前线。

王维在创作这首诗时，引经据典，对仗工整、逻辑清晰、层次分明，格调苍凉却不悲伤，洋溢着浓浓的爱国之情。

老将行

【唐】王维

少年十五二十时，步行夺得胡马骑。
射杀中山白额虎，肯数邺下黄须儿。
一身转战三千里，一剑曾当百万师。
汉兵奋迅如霹雳，虏骑崩腾畏蒺藜。
卫青不败由天幸，李广无功缘数奇。
自从弃置便衰朽，世事蹉跎成白首。
昔时飞箭无全目，今日垂杨生左肘。
路旁时卖故侯瓜，门前学种先生柳。
苍茫古木连穷巷，寥落寒山对虚牖。
誓令疏勒出飞泉，不似颍川空使酒。
贺兰山下阵如云，羽檄交驰日夕闻。
节使三河募年少，诏书五道出将军。
试拂铁衣如雪色，聊持宝剑动星文。
愿得燕弓射大将，耻令越甲鸣吾军。
莫嫌旧日云中守，犹堪一战取功勋。

列传·大汉风云

66篇

【 匈奴列传 】

北方的雄族

　　《匈奴列传》应该是中国历史上比较早的一篇关于少数民族历史的记录。

　　东亚地区的古老民族，大多没有发明出自己的文字，而华夏民族却有着长达三千年的文字记录。

　　因此，学者要研究古代少数民族的历史，都需要在汉字记录的古籍里寻找资料。

　　司马迁搜集、整理了关于匈奴的一些传说和历史，写成了这篇《匈奴列传》，把匈奴曾经璀璨的草原文明留在了历史的长河中。

大禹的后代——匈奴民族

匈奴早期的历史和华夏民族流传的三皇五帝的传说很像，是一团迷雾。司马迁在《史记》中记载，匈奴的祖先名叫淳维，是夏后氏大禹的后裔。匈奴作为大禹后裔的一个分支，曾跟山戎、猃（xiǎn）狁（yǔn）、荤（xūn）粥（yù）这些在历史上频繁侵扰中原的远古北方民族有千丝万缕的联系。

历史学家要研究真正有据可查的匈奴历史，最早只能追溯到战国晚期。当时，赵国名将李牧开边拓土，不但没有把匈奴势力看作威胁，反而把匈奴的军队逼得东躲西藏。

秦始皇统一天下以后，派遣大将蒙恬修筑长城，把帝国的边境一直推到河套以北。你看中国地图，黄河是一个"几"字形状，河套就是这个"几"字的顶部地区。现在，这里的大部分区域都归内蒙古自治区。在先秦时期，这里已经是一块北方游牧民族放马牧羊的好牧场。从秦朝开始，这里就成了中原王朝和草原部落你争我夺的一条火线。

草原枭雄——冒顿单于

历史上有个传说，秦始皇之所以下定决心修筑长城，是因为听信了方士的一个捕风捉影的预言——"亡秦者胡也"。"胡"，就是古时候人们对匈奴不友好的称呼。只是没想到，这个不靠谱的预言竟然一语成谶——秦二世胡亥居然真的毁在了匈奴手上。

其实，匈奴差不多就是在秦朝修筑长城这段时期崛起的。当时，北方草原出了一位枭雄——冒顿单于，他率领匈奴部落如同暴风骤雨席卷了整个北方大草原。所以，秦始皇因为方士的预言修筑长城的传说，还是有一点儿历史依据的。

单于是匈奴最高首领的尊号。冒顿是匈奴单于头曼的大儿子。头曼单于喜欢年轻宠妃生的小儿子，不想让冒顿当继承人，于是就派冒顿去西方强国月氏做人质。但与此同时，他又带兵去打月氏。他是想借刀杀人——让月氏帮自己除掉冒顿。

身处险境的冒顿不愿坐以待毙，于是偷了一匹好马，千里单骑，逃出重围，回到了部落。头曼不得不承认冒顿这个儿子果然有点儿本事，就调拨了一万人马，归冒顿率领。

冒顿经历了这次死里逃生，就开始筹谋夺回本应属于自己的单于之位。

他首先想除掉父亲头曼，可是对手下的武士死心塌地地跟着他一起造反没有一点儿把握。于是，他就造了一支响箭来当号令，规定响箭射向哪里，武士们就都往哪里射箭，谁敢不从，当场杀头。

冒顿先用自己的爱马做测试，发现果然有人犹豫不决，就把这样的人处死了。接着，冒顿变本加厉，居然用自己的爱妾来测试。果然又有人不敢射，结果也被处死。经过两轮测试，大家都被冒顿丧心病狂的举动震慑住了，再没有人敢违抗命令。

第三次测试开始了，这一次，冒顿用的是头曼单于的爱马来试。只见响箭一出，他的所有手下都齐刷刷地张弓就朝头曼单于的爱马射去，连眼都不眨一下。几轮下来，这群武士全部被训练成了冒顿的杀人机器。最后，冒顿把响箭对准了父亲头曼单于，可想而知，头曼单于瞬间就被射成了一只豪猪。

冒顿杀了父亲，自己登上单于的宝座。东方的强大部落东胡一看匈奴大乱，就想趁机占点儿便宜。东胡的首领派遣使者，向冒顿索要一匹千里马。匈奴大臣都说千里马是匈奴的稀世珍宝，不能给。可是，冒顿却恭恭敬敬地把千里马献给了东胡使者。

东胡首领觉得冒顿真是个可以随便拿捏的"软柿子"，于是又派使者来提出了更加无耻的要求——让冒顿献上自己的一名妃子。匈奴大臣都认为这是奇耻大辱，冒顿却不以为然，痛痛快快地把妃子送给了东胡。东胡的首领看到自己的无理要求竟然连连得逞，野心越来越膨胀。

在东胡和匈奴之间，有一块幅员千里的无人区。东胡首领派使者来跟匈奴冒顿单于谈判："这块地方以后归我东胡。"

匈奴大臣们商量："这块地方也没啥用，无所谓，给就给吧。"可是出乎意料的是，之前对东胡首领百依百顺的冒顿单于却勃然大怒道："土地是国家的根本，怎么能随便给别人呢？"说罢，他把主张割地的大臣全部处死，点齐精兵去攻打东胡。东胡首领被冒顿单于装出来的顺服给欺骗了，没想到匈奴真会派出大军，所以没做一点儿防备。面对匈奴大军的强劲攻势，东胡只好就范，稀里糊涂地被匈奴吞并了。

冒顿单于在草原上东奔西突，吞并了各个部落，连当初不可一世的月氏都被匈奴大军打败了。冒顿单于把月氏王的脑袋砍下来做成了酒器，逼迫月氏部落西迁中亚，同时令草原其他部落闻风丧胆。就这样，冒顿单于在短时间内打造了一个空前规模的草原帝国。

在冒顿单于打造草原帝国的时候，在长城以南，刘邦和项羽正杀得你死我活，双方都无暇顾及北方，让匈奴帝国有机会迅猛成长。

汉朝建立以后，冒顿单于率兵南下，直逼太原。汉高祖刘邦率领三十二万大军迎击。然而，汉军受不了北方

名
师
带
你
读
史
记

·90

严寒的天气，又中了冒顿诱敌深入的计谋，结果被匈奴骑兵团团围困在现在山西大同附近的白登山上，汉高祖刘邦陷入绝境。万般无奈之下，汉朝只好表露出卑躬屈膝的态度，采取"和亲"的计策去讨好冒顿，这才让刘邦捡回一条命，灰溜溜地撤回了长安。

史上第一个汉奸——中行说

白登之围以后，汉朝为了安抚匈奴，一直采取和亲的政策——把公主嫁到匈奴去，再附上丰厚的礼品，以此拉拢单于，保持边境的和平。虽然汉匈双方在边境上仍时不时起冲突，但总算没有撕破脸。单于和贵族们对汉朝送来的礼物也很满意。他们喜欢汉人的丝绸，甚至对汉人的饮食也很感兴趣。

然而，这样的稳定局势没有维持多久，就被一个宦官挑拨离间，再次转为危局。

冒顿单于去世以后，他的儿子老上单于继位。这时候，汉朝已经是汉文帝当家了。汉文帝要跟北方的新单于和亲，派了一个出身于北方燕地的宦官随同公主远嫁。这个宦官叫中行说。汉文帝可能觉得中行说比较熟悉北方的情况，派他照应公主在匈奴的生活非常合适。

可是，中行说却不心甘情愿去匈奴，他觉得在匈奴生活一定非常艰苦。可是皇命难违，中行说没有其他选择。临行前，他说出一句狠话："我一定要让大汉朝吃不了兜着走。"

中行说到了匈奴就公然投敌卖国，拼命地挑拨匈奴跟汉朝的关系。中行说阻止单于和贵族吸纳中原文化。比如他评价汉地的丝绸好看是好看，但不耐穿，在马背上一磨就破，汉人的食物好吃是好吃，但在草原上吃就很麻烦，根本没有喝奶吃肉方便……总之，汉朝文化对匈奴有百害而无一利。不仅如此，中行说还教老上单于在外交上侮辱汉朝，凡事都要压过汉朝皇帝一头。

在中行说的挑拨离间之下，汉匈的关系越来越紧张。汉文帝晚年，匈奴再次大举南下，险些酿成全面大战。中行说这个人，算得上是卖国汉奸的鼻祖了。

马邑的阴谋

到了汉景帝的时候，中行说这个大汉奸大概已经死了，汉匈之间又恢复了和平。汉朝和匈奴甚至在边境上做起了买卖，互通有无。这样的和平光景，一直延续到汉武帝初年。

年轻气盛的汉武帝决心要给匈奴一点儿颜色看看。汉武帝为什么不惜发动战争也要改变现状呢？这倒不是因为汉武帝好大喜功，而是因为匈奴仗着骑兵精良、武力强盛，长期威胁着汉朝，且汉匈形势越来越紧张，这终于让汉武帝忍无可忍。

当年刘邦驾崩，吕后临朝，冒顿单于给汉朝下了一份国书。吕后打开一看，顿时气得七窍生烟。原来，在冒顿下的国书中，居然有这么一段话。冒顿说："汉朝和匈奴是兄弟邻邦，高祖刘邦是我大哥。按照匈奴人的风俗，大哥去世，弟弟有义务照顾守寡的大嫂。所以，太后不如就改嫁，跟我一起过日子吧。"

这段话既占了吕后的便宜，又显示出冒顿觊觎汉朝江山的野心。吕后何等聪慧，当然读出了这两层意思，脾气刚烈的她当场翻脸。但是大臣们却都苦口婆心地劝她："当年高祖皇帝尚且奈何不了冒顿，更何况高祖皇帝现在已经不在了……"

汉初百废待兴，朝廷没有实力应对匈奴的挑衅和侮辱，每次只能打落牙齿和血吞。文景之治之后，汉朝的国力如日中天，具有雄才大略的汉武帝决定重振大汉声威，灭掉匈奴的嚣张气焰。

汉武帝元光元年（公元前134年），冒顿的孙子军臣单于当政。匈奴三代单于在与汉朝的较量中占尽上风，从来没把汉朝放在眼里。这一年，匈奴又遣使要求汉朝派遣公主和亲。汉武帝与大臣们策划将计就计，准备利用匈奴的骄傲自大，搞一次大规模的偷袭。

汉匈边境上有个防守要塞——马邑，当地有很多跟匈奴做生意的人。有一个叫聂壹的商人跟军臣单于很熟，就对军臣单于说："我能杀掉马邑城的守城官。如果单于带兵来跟我里应外合，就能把马邑的金银财宝、牲畜人口尽数收入囊中了。"

军臣单于一听有好处，立刻上钩了。他按照约定的日期，率领轻骑部队来接应聂壹。他根本想不到，这是汉武帝设下的圈套。

汉朝在马邑城周围几十里的范围内部署了三十多万军队，派出的都是飞将军李广这种水平的著名将领，只等着军臣单于钻进包围圈，一网打尽。

然而，军臣单于的部队在开到离马邑还有一百里的时候，看到汉人的牛羊散养在外，却没有人看守，就起了疑心。

这时，有一队从其他边塞来马邑附近巡逻的汉军小分队被军臣单于的军队俘虏。军臣单于一审问，便得知了汉武帝在马邑设置埋伏圈的事。军臣单于大惊失色，一拍脑门道："好险！"

汉朝三十万大军左等不见军臣单于，右等不见军臣单于，急得像热锅上的蚂蚁。他们接到消息走漏、任务失败的情报时，军臣单于早已逃出生天。汉武帝劳师动众，结果无功而返,而军臣单于却凭借绝佳的运气逃过一劫。军臣单于把俘虏的汉军士兵头目当成老天派来救自己的神仙,封他为"天王"。

马邑之谋彻底拉开了匈奴和汉朝百年战争的序幕。在此之后,汉军在卫青、霍去病等杰出将领的率领下取得了许多辉煌的胜利。但从国家发展的角度来看,这种胜利的本质却是伤人一千,自损八百——得不偿失。

汉武帝去世后,匈奴逐渐因为内部分裂走向衰落。汉朝采取外交上分而治之的策略,取得了对匈奴的主动权。此后几百年,匈奴一步步地与汉人融合,许多部落甚至迁徙到长城以南的地区散居。在西晋八王之乱的混沌局面里,几个匈奴人的割据王朝甚至趁乱接连兴起。这虽然都是后话,但体现出汉匈的高度融合。

薄物细故

释义:指微小琐碎的事情。

《匈奴列传》原文:朕追念前事,薄物细故,谋臣计失,皆不足以离兄弟之欢。

例句:他总是关注薄物细故,浪费了很多时间。

其明年春①，汉谋曰："翕侯信②为单于计，居幕北，以为汉兵不能至。"乃粟马，发十万骑，私负从马③凡十四万匹，粮重④不与⑤焉。令大将军青、骠骑将军去病中分军⑥，大将军出定襄，骠骑将军出代，咸约⑦绝幕⑧击匈奴。单于闻之，远其辎重，以精兵待于幕北。与汉大将军接战一日，会暮，大风起，汉兵纵左右翼围单于。单于自度战不能如汉兵⑨，单于遂独身与壮骑数百溃汉围西北遁走。汉兵夜追不得，行斩捕匈奴首虏万九千级，北至阗颜山赵信城而还。

注释：

①其明年春：第二年春天，这里指元狩四年（公元前119年）春天。
②翕侯信：投降匈奴的赵信。
③私负从马：指不属于国家征调，而自愿跟从的人。
④粮重：粮食与其他辎重。
⑤不与：不在话下。
⑥中分军：将出征的军队平均分成两队，每人率领一队。
⑦咸约：彼此约定。
⑧绝幕：横越大沙漠。
⑨战不能如汉兵：不能和汉兵相匹敌。

大夏石马

东晋十六国时期，匈奴人赫连勃勃建立了一个短暂的政权——大夏王朝。在中国历史上，大夏王朝仅存在了二十四年，而这件刻有大夏国年号的石马是至今唯一有文字刻载，能够证明大夏王朝曾经存在的实物，是极为罕见的珍贵民族文物。大夏石马作为国宝级文物，被珍藏于西安碑林博物馆。

大夏石马，花岗岩质地，头高约2米，全身长2.25米。头部略低，马颈直立，和头部形成55度夹角。腹部底下连接基座部分做镂空处理，马尾部残缺。

大夏石马呈站姿，两前腿并直，后腿微屈。两前腿之间为实体，并做钟形造型处理；两后腿之间同样为实体，雕刻似山石状，下部刻有隶书铭文"大夏真兴六年岁在甲子夏五月辛酉……大将军……造"等。石马稳立于阴刻有云纹的底座之上。

大夏石马风格质朴古拙、遒劲刚健，非常明显地继承了秦汉以来石刻艺术的表现手法。雕刻师从大处着眼，因材施用，使石马神形兼备、活灵活现。雕刻师虽然主要采用圆雕的方法塑造石马，但也在马的头部、面部、躯干和腿部做了大量的线刻以及浅浮雕的处理，用一些简单质朴但灵动精巧的绘画进行装饰，既彰显出花岗岩的厚重感，也凸显出匈奴战马的彪悍。雕刻师在马的腹部下方至基座的部分进行了大胆取舍，做了镂空处理，让石马显得更加生动，也使沉重的石雕显出一种别具一格的通透和轻盈。

大夏石马作为公元424年赫连氏大夏国的遗物，见证了匈奴民族最后的倔强。它继承了中国汉代石刻的艺术风格——雄浑深沉、体魄巨大、生动传神，代表了东晋十六国时期的艺术观念和艺术水平，文物价值极高，在中国雕塑艺术史上具有十分重要的地位。

大夏石马

列传·大汉风云

67篇

【卫将军骠骑列传】（上）
从奴隶到将军

常言道，千军易得，一将难求。汉武帝在讨伐匈奴的战争中之所以能够取得辉煌的胜利，离不开两位天才型的将军，他们为汉朝立下了举世无双的功勋。

然而，后人读司马迁为两人所写的合传《卫将军骠骑列传》，却有一种如鲠在喉、老不痛快的感觉。

出身贫贱

战功赫赫的卫青和霍去病都出生在身份最低贱的奴隶之家。卫青的母亲，是平阳侯的家奴。她身为奴隶，没有自己的名字，被历史学家称为卫媪，翻译成现代的话就是卫大妈。

卫媪生过六七个孩子。这些孩子的父亲都不一样，所以这些孩子都随她姓卫。卫这个姓，就是卫青低贱出身的标记。

卫青的生身父亲姓郑。卫青还很小的时候，就被父亲领回家放羊。郑家的太太跟兄弟们认为卫青是外头来的私生子，根本不把他当自家人，只是把他当成奴仆使唤。卫青从小受尽了侮辱和折磨。

有一回，他遇上了一个囚犯。恰巧这个囚犯爱看相，他对卫青说："你有一副贵相，将来可以封侯！"

卫青笑笑说："我身为奴隶，不挨打受骂就满足了。封侯？那是做梦吧。"

艰难的生活磨炼出卫青的好体格，长大以后，他当了平阳公主的骑马随从。

这位平阳公主来头不小，是汉武帝的姐姐。她因为嫁给了平阳侯，所以被称为平阳公主。**卫青命运的转折，全系在这位平阳公主一人身上**。这是怎么回事呢？

原来卫青的二姐卫子夫长得很漂亮，是平阳侯家的歌伎。汉武帝来姐姐府上拜访，一眼就看中了卫子夫。平阳公主索性做个顺水人情，把卫子夫献给了汉武帝。卫子夫入宫后深受宠幸，不久就怀上了汉武帝的第一个孩子。这件事在后宫立刻掀起了一场轩然大波。

裙带关系

汉武帝的皇后陈阿娇跟汉武帝是娃娃亲。皇后的母亲长公主刘嫖是汉景帝的姐姐。当初汉武帝的亲生母亲王夫人为了在后宫站稳脚跟，扶自己的儿子刘彻登上太子之位，才巴结长公主，定下了这门娃娃亲。

因为这层关系，陈皇后在后宫里一向是说一不二的狠角色。然而，天不遂人愿，她与汉武帝结婚多年，却一直膝下无子。她一听说出身低贱的卫子夫居然有了身孕，真是打翻了心里的醋坛子，连她母亲长公主也觉得不甘心。但是，她们不敢在后宫直接对卫子夫下手，于是就把报复的矛头对准了卫子夫的家人。

这时候，卫青被派到长安郊外的离宫办事。长公主派人去离宫抓来了卫青，准备杀他解气。在这生死关头，卫青的一个好哥们儿公孙敖率领一群壮士，冒死闯宫把他救了出来。

皇官内院搞出这么大的动静，当然惊动了汉武帝。汉武帝看到皇后母女嚣张跋扈，竟然要对付卫子夫，简直欺人太甚，干脆一不做二不休，马上册封卫子夫为正式妃子，顺便让卫青也当了自己身边的侍从。

不过几天之间，卫青就获得了累计千金的赏赐，从此平步青云。十几年后，他被封为大将军，成为汉帝国军队里的最高统帅。

卫青不是卫家唯一沾了卫子夫的光的人。**他的外甥霍去病更是因为卫子夫的关系，受到汉武帝的刻意栽培，从小学习兵法打仗的知识。**所以，霍去病升官的速度比舅舅卫青还快——十八岁首次从军打仗，二十二岁就被封为大司马骠骑将军，跟舅舅大将军卫青平起平坐。

在汉朝，一户人家同时出两位最高统帅简直是闻所未闻。这都是因为汉武帝宠幸卫子夫，爱屋及乌，卫氏一门才会鸡犬升天。

有一次，汉武帝看卫青打了胜仗，非常高兴，竟然把卫青还没断奶的三个儿子全封成列侯。我们已经知道，著名的飞将军李广到死都没被封侯。李广和卫青际遇的巨大落差实在是太讽刺了。

战功赫赫

卫氏一门虽说是靠裙带关系封侯拜将的，但卫青和霍去病确实是有真本事的。

在《卫将军骠骑列传》的最后，司马迁列有一份军功表，详细记录了卫青和霍去病以及他们手下的将领们出击匈奴所立的功劳：

卫青七次出击匈奴，斩首敌人五万多；霍去病六次出击匈奴，斩首敌人十一万多。这可真是惊人的战绩。

卫青和霍去病具有杰出的军事才能，立下赫赫战功的舅甥俩广受汉朝人的称赞。在《史记》里，司马迁借他人之口说："大将军卫青爱护手下将士，人人都乐意追随他。大将军自己本领过人，骑马上山、下山都像飞一样；领兵打仗，号令严明，身先士卒，古代名将也不过如此。"

霍去病更是一位为了朝廷舍生忘死、奋不顾身的少年英雄。汉武帝为了犒赏他，特意为他修了一座府邸。可霍去病却推辞说："匈奴未灭，无以家为。"这是何等豪气干云啊！

卫青和霍去病打得最漂亮的一仗是发生在公元前119年的漠北之战。 在此之前，匈奴跟汉军作战不利，汉军的降将建议匈奴单于把王庭迁移到戈壁以北，利用沙漠戈壁滩作为天然屏障阻挡汉军进攻。单于北迁，自以为高枕无忧。汉军抓住了匈奴麻痹大意的时机，发动突袭。在这场战役中，卫青和霍去病兵分两路，从左右包抄漠北王庭。

单于得知汉军出兵的消息，在戈壁以北严阵以待，想以逸待劳，击溃汉军。卫青的部队千里行军，迎面撞上单于的主力。在一片空旷的大漠中，卫青机智应变，把战车首尾相连，围成了一道坚固的营墙，保护后勤粮草。

随后，他率领五千精骑，主动向人数两倍于自己的匈奴骑兵发起冲锋。卫青心里清楚自己与敌方兵力悬殊，抱

了必死的决心东奔西突。

黄昏时分，卫青仍在孤军奋战，突然狂风大作，飞沙走石，卫青乘机分兵两路夹击敌阵。

此时，匈奴军阵被沙尘眯了眼。单于无法确定汉军的准确人数，又没想到远道而来的汉军竟然有如此强的战斗力，一下子丧失了作战的信心。单于看天色已晚，就驾着六匹骡子拉的轻车逃离了战场。

卫青乘胜追击二百多里，消灭了上万敌兵，大获全胜。而另一条战线上的霍去病更是一往无前，率领军队一直打到了西伯利亚的贝加尔湖畔。

漠北之战让不可一世的匈奴险些土崩瓦解。霍去病光在这一战中就斩首敌军七万多。司马迁在《史记》中原原本本地记录了这些让人惊叹不已的军功数字。

可是，在这些赫赫战功的背后，汉军也付出了沉重的代价。为了打赢这场仗，汉朝一共征集了十四万匹战马，但最后班师回朝的时候，只剩下不到三万匹。此后十多年间，汉朝因为缺少战马，再也无法对匈奴发动战争了。

封狼居胥

释义：原指汉代大将霍去病打败匈奴的战功登上狼居胥山筑坛祭天以告成功。后比喻建立显赫功勋。

《卫将军骠骑列传》原文：……历涉离侯，济弓闾，获屯头王、韩王等三人，将军、相国、当户、都尉八十三人，封狼居胥山，禅于姑衍，登临翰海。

例句：他研发了这款救命的药，在生物医药领域简直可以说是封狼居胥。

右将军苏建尽亡其军，独以身得亡去，自归大将军。大将军问其罪正闳①、长史安②、议郎③周霸等："建当云何④？"霸曰："自大将军出，未尝斩裨将。今建弃军，可斩以明将军之威。"闳、安曰："不然。兵法：'小敌之坚，大敌之禽也⑤。'今建以数千当单于数万，力战一日余，士尽，不敢有二心，自归。自归而斩之，是示后无反意⑥也。不当斩。"大将军曰："青幸得以肺腑⑦待罪行间，不患无威，而霸说我⑧以明威，甚失臣意。且使臣职虽当斩将，以臣之尊宠而不敢自擅专诛于境外，而具归天子，天子自裁之，于是以见为人臣不敢专权，不亦可乎？"

军吏皆曰："善。"遂囚建诣行在所⑨。入塞罢兵。

注释：
①正闳：军正名闳。军正，军中的司法官。
②长史安：长史名安。长史，大将军属下的诸史之长。
③议郎：原属郎中令，在皇帝身边主管议论。
④建当云何：对苏建应该怎样处置。
⑤小敌之坚，大敌之禽也：小部队一旦遇到敌人的大部队，如果硬拼，只能被敌人全部歼灭。"禽"通"擒"。
⑥示后无反意：告诉别人以后再遇到类似问题就干脆别返回了。
⑦以肺腑：以至亲的身份。
⑧说我：劝说我。
⑨诣行在所：把苏建押解到皇帝当时所在的地方。

汉匈之间的三次重要战役

从公元前133年至119年，汉武帝多次派兵和匈奴对抗，其中决定性的战役有三次：河南之战、河西之战和漠北之战。

公元前127年，河南之战爆发，这一年，匈奴入侵上谷、渔阳，杀掠吏民千余人。汉武帝派车骑将军卫青、将军李息率兵出云中，沿黄河北岸西进，采取避实击虚的战略，迂回到陇西，包围了驻扎在河套及其以南的匈奴军，在突袭中取得胜利。匈奴白羊王、楼烦王逃走。经此一役，西汉完全收复了河南地，修复了秦朝蒙恬修筑的边防要塞，解除了匈奴对长安的威胁。河南之战是汉匈战争史上的一个重要的转折点。

公元前121年，河西之战爆发。在战争爆发的前一年，匈奴派骑兵万余人攻入上谷，滋扰大汉边境。公元前121年，汉武帝派遣霍去病出陇西，越过焉支山西进，深入匈奴境内千余里，和匈奴短兵肉搏，大获全胜。在这场战斗中，霍去病俘虏浑邪王的儿子及相国、都尉等，缴获休屠王的祭天金人。同年夏天，霍去病第二次西征，越居延海，攻到祁连山，大败匈奴军，俘虏匈奴兵三万人。这场战斗对河西的匈奴贵族是一次重创，匈奴贵族从此四分五裂，浑邪王率四万人降汉。西汉使匈奴继失河南后又丧失河西，彻底摧毁了匈奴统治西部地区的根基。此后，匈奴在汉匈之间的斗争中长期陷于被动的地位。在这场战斗之后，汉政府在河西设置武威、酒泉、张掖、敦煌四郡，历史上称"河西四郡"。河西四郡的设置，打开了汉通西域的道路，加强了中国与西域各国的文化、经济交流。

公元前119年，漠北之战爆发。这是汉武帝策划的一次最大规模的远征，集中十万骑兵，由大将军卫青和骠骑将军霍去病率领，采取了奔袭追击的战术分东西两路进军。卫青率领的西路军将单于主力全部歼灭，一直追至赵信城。霍去病的东路军从代郡、右北平出兵，深入两千余里，跨过大沙漠，大败匈奴左贤王率领的军队。经此一役，匈奴力量大为削弱，危害汉朝百余年的匈奴边患基本得到清除。

《 卫将军骠骑列传 》（下）

从云端到低谷

大将军谨小慎微

平阳公主曾是卫青一家的主人。她中年守了寡，想要在满朝的贵族当中挑一个再嫁的对象。有人就给她出主意："您看大将军卫青可以吗？"

平阳公主一听，嗔怪道："别逗了，卫青当年是我家的奴才！"

大家都劝公主："当今天下，还有谁比卫青更尊贵，更加受皇帝的宠信呢？"

确实，今时不同往日，当年的小奴隶卫青现在已经是名满天下的大将军。在卫青的姐姐——皇后卫子夫的撮合下，卫青和平阳公主终成眷属。卫青先是翻身当了主子，又娶了天子的姐姐，真是妥妥的人生大赢家啊！

但是，大权在握的卫青却没有小人得志，而是处处谨小慎微，生怕惹事。在朝廷当中，他从不拉帮结派。有人对他说："您看其他的王公大臣，个个家里都是宾客盈门，相比之下，您的大将军府可就太冷清了。您也应该多招一些门客，这对提高您的威望名声有好处。"

卫青说："招贤纳士，任用人才，这是陛下的权柄，做臣子的不要瞎凑热闹。你们没看到魏其侯、武安侯，就是因为广招门客，才招来杀身之祸的吗？"

卫青虽然是一介武夫，但对汉武帝统治下的潜规则却洞若观火。权力是皇帝的禁脔（luán），臣子是绝对不能染指的。

卫氏一门的荣耀都来自汉武帝对皇后卫子夫的宠爱，但皇帝大多是朝三暮四的，汉武帝也不会例外。果然，坐拥三宫六院的汉武帝很快就有了新宠。卫青想起当年陈皇后因为嫉妒姐姐卫子夫而拼命打压，吃相十分难看，最终被送入冷宫的命运，决定吸取当年陈皇后被废的教训。

汉武帝为了表彰卫青的战功，赏赐千金。卫青的部下建议卫青把这么重的赏赐分出一半来献给汉武帝的后宫新宠王夫人作贺礼。卫青马上照做，汉武帝果然很开心。

不过，汉武帝多疑，心下琢磨：在后宫，王夫人是跟卫青的皇后姐姐争宠的人，卫青为什么要对王夫人这么好呢？他看不懂卫青的心机，干脆直接问他："你为什么这样做呢？"

卫青一点儿不敢隐瞒，一五一十地坦白："我们这些外戚能有什么功劳？还不是全靠陛下的栽培啊！"这话说得一点儿不错——卫青虽然是威震匈奴的汉朝名将，但在汉武帝的眼里，仍然是个奴才。

司马迁在《史记》里提过一个细节：汉武帝在后宫召见卫青，常常不拘小节，甚至有时候坐在马桶上跟卫青说话。这个细节一方面表现出汉武帝和卫青关系亲密，但另一方面也体现出汉武帝对外戚的蔑视。他对自己当太子时的老师可绝对不会做出这么轻佻的举动。

骠骑将军年轻气盛

和舅舅卫青相比，骠骑将军霍去病就完全是另外一副脾气了。在霍去病一两岁的时候，姨妈卫子夫受到汉武帝宠幸，卫家鸡犬升天。因此，霍去病不像舅舅卫青从小饱受艰辛。他从小在宫廷里长大，十八岁首次从军出征就立功封侯，可以说，他的人生开局真是十分精彩。

霍去病没受过什么罪，当然对人间的疾苦就多少有点儿麻木。

出征打仗的时候，汉武帝特别赐给霍去病几十车上好的食物，供他一人享用。行军途中，士兵们的粮草接济不上，霍去病却只顾自己吃小灶，从不把食物分给饥饿的士兵。士兵们忍饥挨饿，而霍去病还有心情在军营里举行蹴鞠比赛。

这种不接地气的贵公子做派引发了一起令人扼腕的血案。

漠北之战以后，飞将军李广不堪忍受军法追责，愤而自杀。由于这场大战的主帅是卫青，李广的小儿子李敢就把卫青当成了逼死父亲的罪魁祸首。

汉武帝看重李敢是将门虎子，让他在霍去病手下效力。李敢很争气，打了很多胜仗，是一颗冉冉升起的将星。

有一次，这位明日之星李敢直接跟卫青爆发了冲突，打伤了卫青。

卫青倒是很大度，不想声张这件事，但年轻气盛的霍去病却对李敢起了杀心。有一次，汉武帝率领大家外出狩猎，霍去病趁机放冷箭，杀了李敢。

汉武帝虽然对李敢的死感到无比惋惜，但还是偏袒霍去病，对外宣称李敢是被鹿顶死的。

卫氏的覆灭

古语云，日中则昃，月盈则食，卫氏表面上满门富贵，背后却是暗流涌动。汉武帝虽然立皇后卫子夫生下的儿子刘据为太子，但对新宠王夫人生的儿子刘闳（hóng）也青眼有加。刘据的太子地位一旦受到威胁，卫氏这座大厦的基石就会被动摇。

就在这个微妙的关头，霍去病突然在军中向汉武帝上书，请求皇帝封皇子们为诸侯王。明眼人都能明白，霍去病这是希望汉武帝尽快区分太子与其他皇子的名分，巩固太子的地位。

当时，骠骑将军霍去病的威势正如日中天，得到了大臣们的附议，大家都觉得这件事对国家来说也没有害处。但这个提议却在汉武帝的心中掀起了一丝不安的波澜。

汉武帝虽然最终还是应群臣之请，封了三个皇子为诸侯王，但从此以后就总找卫氏一门的麻烦。首先，年轻力壮的霍去病在他上书的当年病死了，年仅二十四岁；接着，卫青的三个儿子接连因为各种牵强的理由被剥夺了列侯的爵位；最后，身为大将军的卫青，再也没有亲自领兵上阵，直至十年后病死；……

汉武帝晚年，一场捕风捉影的"巫蛊之祸"在宫廷中愈演愈烈。卫青的姐夫公孙贺，身居丞相的高位，仍被满门抄斩。卫青的好兄弟公孙敖，因为妻子被巫蛊牵连而判腰斩。太子刘据觉察到这场猎巫大戏的矛头逐渐对准了自己，不堪坐以待毙，终于在绝望中反戈一击，发动叛乱，但最终不敌自己老谋深算的父亲。太子在逃亡过程中自杀，皇后卫子夫因为在叛乱中站在儿子一边，也没有逃过自裁的命运，尸体被草草掩埋。

在"巫蛊之祸"这场浩劫中，曾经如烈火烹油的卫氏家族几乎覆灭，只有霍去病同父异母的弟弟霍光逃过了一劫。 在汉武帝死后，霍光神奇地成为汉帝国最高权力的捉刀人。不过，这已经是《史记》成书之后的故事了。

《卫将军骠骑列传》一篇，字面读来，我们只会看到汉武帝在霍去病和卫青死后极尽哀荣，给他们修建壮丽的坟墓，来纪念他们讨伐匈奴的赫赫战功。

然而，隐藏在司马迁那些冷冷叙述之下的历史却是另一番面貌。司马迁甚至在专为佞臣设立的《佞幸列传》中写道：若不是卫青和霍去病还立下过一些战功，我真应该把他们跟那些以男色取宠的佞人放在一篇传记里。在《史记》中，司马迁善设弦外之音、言外之意，这一点在《卫将军骠骑列传》里应该是表现得很明显了。

无以为家

释义：没有能够成家的条件。

《卫将军骠骑列传》原文：天子为治第，令骠骑视之，对曰："匈奴未灭，无以家为也。"

例句：他还没有找到能够维持生计的工作，无以为家。

骠骑将军为人少言不泄，有气敢任①。天子尝欲教之孙吴兵法，对曰："顾方略何如耳，不至学古兵法②。"天子为治第③，令骠骑视之，对曰："匈奴未灭，无以家为④也。"由此上益重爱之。然少而侍中，贵，不省士⑤。其从军⑥，天子为遣太官⑦赍数十乘⑧，既还，重车余弃梁肉⑨，而士有饥者；其在塞外，卒乏粮，或不能自振⑩，而骠骑尚穿域蹋鞠，事多此类。

释义：
①有气敢任：非常讲义气，敢于承担责任。
②顾方略何如耳，不至学古兵法：关键在于根据具体情况随机应变的本领如何，不在于死读古人的旧文章。

③治第：修造府第。

④无以家为：不要建造自己的小家。

⑤不省士：不关心手下士卒。

⑥其从军：每次率兵出征。

⑦太官：管理皇家厨房的官员。

⑧赍数十乘：供霍去病小灶使用的吃的要用十辆车来拉。

⑨重车余弃梁肉：拉着吃不完的美食佳肴。

⑩不能自振：饿得都站不住了。

《马踏匈奴》

在今陕西兴平茂陵东约一千米处，坐落着《卫将军骠骑列传》中主角之一的骠骑将军霍去病的坟墓。霍去病病逝后，汉武帝把他的坟墓修筑得壮丽雄伟，并在墓前陈列十数件花岗岩雕成的牛、虎、象、野猪等动物。尤为引人注目的是，霍去病的墓前，被安置了一座整体高1.68米、长1.90米的石雕作品——《马踏匈奴》。《马踏匈奴》具有纪念与象征双重意义，是一座纪念碑。它表现的是汉军战马碾轧匈奴士兵的场景。石马被雕刻得体形剽悍、动作矫健，一只前蹄把一个匈奴士兵踏倒在地。仰首朝天的匈奴士兵，须发蓬松零乱，面目狰狞，左右手紧握着弓箭，双腿蜷曲做狼狈挣扎状，却无法挣脱压在身上的重如泰山的战马。现在，石雕《马踏匈奴》被珍藏于茂陵博物馆。

《马踏匈奴》虽然没有展现霍去病骠骑将军的形象，却能使人们联想到他率领汉军将士征战沙场的风采，也彰显出汉武帝在汉匈战争中最终获得胜利的豪气干云。

《马踏匈奴》和散置在霍去病墓上的石刻动物表现出我国古代石雕艺术的特点——重在表现对象的"神"，而不再现对象的"形"。雕刻匠师们根据天然岩石的形状、质地，巧妙地雕刻出战马、匈奴士兵和

《马踏匈奴》

其他动物的大致体形，然后采用圆雕、浮雕与线刻的方法，分别表现肢体、头部、五官和须发等重要的细部特征，赋予人物与动物个性鲜明的外在形象和喷薄而出的生命力。整件作品既保持了浑厚粗糙的岩石带来的沧桑感，又彰显出精雕细琢、巧夺天工的艺术美。

《马踏匈奴》完美地呈现出我国古代雕刻匠师的智慧、技法，它在中国雕塑史上也具有划时代的意义。从这件主题石雕作品开始，中国的雕塑艺术真正走上了写实与写意并重、力求神形皆备的艺术创作道路。

【 平津侯主父列传 】

朝为田舍郎，暮登天子堂

汉武帝"罢黜百家，独尊儒术"。在他的推动下，儒家思想从此成了中国两千年封建社会的统治思想。

汉武帝为什么如此青睐儒家思想呢？

在这一篇中，我们就通过一个人物，试着解答一下这个问题。

我们要讲的这个人物极富争议，后代对他的评价犹如冰火两极。有的人认为，这个人刻苦好学、低调朴素，成名之后还保持节俭，堪称读书人的楷模；有的人却认为他是个表里不一、心胸狭窄、阴险狡诈的小人。这个让后人争论不休、捉摸不定的人物就是平津侯公孙弘。

平步青云

如果你是第一次读《平津侯主父列传》，那么你一定认为这是一篇读书人的励志故事。主人公公孙弘的老家在山东淄川国，他出身贫寒，是个给人放猪的猪倌儿。

他一直活到了四十岁，才有机会去学习儒家经典《春秋》。现在，大部分人活到这个年纪，是不会放弃平凡安稳的生活，再去刻苦读书的，更别说在古代，古人的寿命一般都不会太长，到了四十岁才去苦读诗书的人就更加寥寥无几了。可是，公孙弘不走寻常路，他四十岁开始钻研学问，一读就是二十年。他等到当官的机会时，已经是一位白发苍苍的老者。

汉武帝一登基，就让天下推荐精通学问的贤良文学之士。六十岁的公孙弘就凭借这个机会被推荐到了长安。他本以为自己终于要熬出头了，没想到却领了一个出使匈奴的差事。公孙弘前半辈子都在跟猪打交道，哪里懂什么外交，所以根本无法胜任"汉使"一职——他出使的结果让汉武帝很不满意。公孙弘触怒了龙颜，只好灰溜溜地告病回乡了。

又过了十年，公孙弘在古稀之年迎来了人生的第二次转机。这一年是汉武帝元光五年（公元139年），朝廷里发生了翻天覆地的大事。

前一年，权势熏天的丞相武安侯田蚡神秘死亡了。我们在前面已经讲过，田蚡是汉武帝母亲王太后同母异父的弟弟。田蚡一死，太后就失去了对朝政的把持，汉武帝终于可以乾纲独断，放手来打造属于自己的帝国了。

在元光五年，汉武帝再次下令选拔杰出的儒家人才。公孙弘家住山东，这里虽然是孔孟之乡，名儒辈出，但是在淄川国里，就数公孙弘年高德重，所以他又被推举到长安来见天子。

七十岁的老者公孙弘从山东一路颠簸来到关中长安，其中的艰辛可想而知。公孙弘对舟车劳顿早有心理准备，却万万没想到，自己的命运又要迎来大起大落。

汉武帝虽然召集天下人才，却并不打算给所有人官做。谁要想当官，首先要通过考试。汉朝的时候还没有科举，人才要通过的考试是策问。策问就是皇帝提出问题，大家针对这个问题谈自己的见解。

在一场策问中，公孙弘答得一塌糊涂，主考官员把他的成绩定为一百多号儒生当中的下品。公孙弘一看这情况，就以为自己这回又要无功而返。但是，事情很快发生了反转。汉武帝要求主考官员把这场策问中的全部文章送来，由他本人认真阅读。汉武帝读过所有的文章后，把公孙弘这篇被打了叉的策问钦点为第一名。就这样，七十多岁的公孙弘体验了一次从名落孙山到位列榜首的大反转，

列传·大汉风云

成了朝廷的博士。

观点独特

公孙弘的这篇文章为什么在主考官眼里是牛粪，在汉武帝眼里却变成鲜花了呢？司马迁虽然没有把这篇文章收进《史记》，但是他的后辈——东汉的班固却把这篇文章原原本本地记录在《汉书》里了，甚至连汉武帝的原题都有。

汉武帝的问题是什么呢？汉武帝好大喜功，问的问题当然也都非常"大"——他怎么才能实现传说中上古圣王尧、舜、禹、汤那样的太平盛世呢？

平心而论，公孙弘的这篇文章写得平平无奇，被定为下品一点儿也不冤枉。可是，这篇文章为什么能赢得汉武帝的青睐呢？我觉得公孙弘的这篇文章的争议主要集中在一个点上。

在汉武帝的题面里，有一个小问题：仁、义、礼、智……这些儒家强调的重要品质，应该如何应用到治理天下中来呢？公孙弘是如何回答的呢？公孙弘在回答的时候，用了一点儿别致的小心思。本来，仁、义、礼、智都是儒家的老生常谈，公孙弘在仁、义、礼这三点上也没谈出特别的见解来，可唯独在讲到智的时候，他把儒家的智和法家的"术"联系起来了。

从先秦以来，法家就是儒家坚定的批判者。秦始皇信奉韩非的法家学说，所以才有了"焚书坑儒"。"术"，指的是帝王权术，是法家最核心的思想。

公孙弘在文章里用法家的"术"来解释儒家的"智"，这在儒家选拔人才的考试中，显然是犯了大忌。所以，主考官把他的文章判为下品，没有任何不妥。

但是汉武帝却从公孙弘在文章里犯的大忌，看到了一点儿新意。

汉武帝欣赏的儒家学说，主要是表面风光。他想借儒家学说，自比上古圣贤，向天下显示自己是天命所归的天之骄子。

但另一方面，汉武帝虽然年纪轻轻，却早已精通权力游戏，他通过操纵魏其武安侯一案，玩弄权术，最后扫清了在朝廷里阻挡自己独裁专断的一切势力。他完全明白"术"才是帝王确立自我绝对权威必不可少的法宝。

后来有人劝汉武帝的曾孙汉宣帝，治国要多用儒生，汉宣帝反驳说："我汉家有自己的制度，霸道和王道要混着用，怎么能够只用儒家那一套仁政德教呢？"他的这番话把汉武帝施政方针的精髓说出来了。汉武帝欣赏公孙弘的文章，就是看中了这篇文章以法术为根本、以儒术为装饰的思想实质。

表里不一

有一首古诗把平民读书人的理想写得淋漓尽致:

朝为田舍郎,暮登天子堂。

将相本无种,男儿当自强。

…………

这简直就是公孙弘人生的完美写照。不过,在公孙弘还活着的时候,朝廷里就有人批评他是个奸诈小人。这是怎么回事呢?

司马迁在《史记》中对公孙弘的批评全都集中在他做人表里不一上。不过"表里不一"这个词,在这里只是一种性格特点,不能用来指责某人道德败坏。

我们先从一件事说起吧。汉武帝大力向外扩张领土。在西南,他计划从今天的四川、云南、贵州打通到印度的交通;在东北,他计划在朝鲜半岛上设立沧海郡;在匈奴边境上,他计划修筑朔方郡。他的这些扩张行动消耗了大量的军力和财力。

公孙弘认为,汉朝即便占领了这些土地,也无法从中获益,就请求汉武帝干脆停止这些无用之举。汉武帝专门找来一位伶牙俐齿的大臣朱买臣跟公孙弘辩论在朔方筑城的战略重要性。

面对朱买臣连珠炮式的反驳,公孙弘主动败下阵来。

他向汉武帝谢罪："臣是山东乡下人，竟然不知道设立朔方郡有这么多好处。我请求停止打通西南夷和设立沧海郡，把国家的全部力量都用到朔方去。"这一次，汉武帝愉快地答应了。

你看，公孙弘明里是自我否定，可实际上却达成了自己原来目标的三分之二。他就算反对汉武帝的政策，也给汉武帝留足了面子。他特别擅长这套"曲线救国"的把戏。

有时，他跟大臣们约定一起去进谏皇帝，如果看到汉武帝听了意见心情不好，他就会率先反水，顺着汉武帝的意思说话。几次三番之后，大臣们都骂公孙弘是奸诈小人。

汉武帝问公孙弘对这个评价有什么要辩解的，没想到却听到了公孙弘一番心平气和的告白。他说："如果没有这些忠臣，陛下怎么能听到臣有什么毛病呢？"他这招以退为进，让汉武帝大加赞赏。公孙弘柔软灵活的处世态度，让他得到了汉武帝更多的信任。

垂垂老矣的公孙弘青云直上，没多久就当上了丞相。汉朝时，凡是担任丞相的人，必然出身世代封侯的传统贵族，而公孙弘出身平民，没有爵位。汉武帝为了尊重传统，特别封他为平津侯。公孙弘成了大汉帝国第一个先当丞相，再封列侯的人物，可谓荣宠至极。

耿直的读书人看不起公孙弘，觉得他算不上儒家推崇的顶天立地的大丈夫。

公孙弘虽然身为丞相，生活上却节衣缩食，把钱财用来招揽人才，有人就骂他这是故意装出来给人看的。

在朝廷上，公孙弘处分有过错的人，也都被大家认为是出于私心。司马迁也在《史记》里批评公孙弘是表面随和、内里刻薄的小人，总是趁机打击报复。

无论是耿直的读书人，还是朝廷里的官僚，甚至太史公司马迁，大家批评公孙弘的话，其实都是在说他"表里不一"。然而，汉武帝看上公孙弘恰恰是因为他写那篇"表里不一"的策问呀。

平心而论，公孙弘并非大奸大恶之徒，他平生并没有做出什么伟大事迹，确实只是一个活得够长、运气够好的平庸之辈。

公孙弘之所以能够平步青云，当然凭借了时代的机遇，但是最主要依靠的还是他在漫长的人生岁月中磨炼出来的处世之道。用现代人的话来说，就是他在皇帝的面前会做人。

司马迁看不起公孙弘，觉得他缺少知识分子的清高风骨。但在现代社会里，越来越多的人却认为在现实的工作环境里，懂得"表里不一"的公孙弘也有值得学习的地方。对于公孙弘这个充满争议的人物，你怎么看呢？

知耻而后勇

释义：意为知道羞耻就接近勇敢了，明白自己错了就到勇敢的时候了。

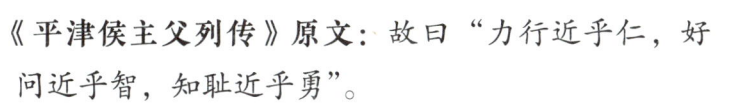

《平津侯主父列传》原文：故曰"力行近乎仁，好问近乎智，知耻近乎勇"。

例句：他知耻而后勇，最近进步很快。

汗马之劳

释义：指征战的劳苦，亦指战功。

《平津侯主父列传》原文：今臣弘罢驽之质，无汗马之劳，陛下过意擢臣弘卒伍之中，封为列侯，致位三公。

例句：在这场团体比赛中，他立下了汗马之劳。

土崩瓦解

释义：原义是如土之崩坠、瓦之破碎；比喻彻底崩溃、不可收拾。

《平津侯主父列传》原文：臣闻天下之患在于"土崩"，不在于"瓦解"，古今一也。

例句：这个公司经营不善，迟早土崩瓦解。

旷日持久

释义：荒废时光，拖延很久。

《平津侯主父列传》原文：又使尉屠睢将楼船之士南攻百越，使监禄凿渠运粮，深入越，越人遁逃。旷日持久,粮食绝乏,越人击之,秦兵大败。

例句: 这场商战真是旷日持久。

原典再现

汲黯曰:"弘位在三公,奉禄①甚多,然为布被,此诈也②。"上问弘。弘谢曰:"有之。夫九卿与臣善者无过黯,然今日庭诘弘,诚中弘之病。夫以三公为布被,诚饰诈欲以钓名。且臣闻管仲相齐,有三归,侈拟于君③,桓公以霸④,亦上僭于君⑤。晏婴相景公,食不重肉,妾不衣丝,齐国亦治,此下比于民⑥。今臣弘位为御史大夫,而为布被,自九卿以下至于小吏,无差⑦,诚如汲黯言。且无汲黯忠,陛下安得闻此言。"天子以为谦让,愈益厚之。卒以弘为丞相,封平津侯。

注释:
①奉禄:同"俸禄"。
②然为布被,此诈也:故意用布被,假装俭朴。
③侈拟于君:他像齐桓公一样奢侈。
④以霸:成为霸主。
⑤亦上僭于君:指管仲的功劳虽然大,但他生活的奢侈程度超越了自己的等级。

⑥下比于民：晏婴的朴素程度和普通国民差不多。
⑦自九卿以下至于小吏，无差：如果全像我一样，那么三公、九卿，乃至普通小吏的生活水平就没有任何区别了。

与平津侯有关的三首诗词

在这一篇故事中，我们了解到古人对西汉丞相公孙弘的评价褒贬不一。西汉之后，有很多文人墨客都写过关于平津侯公孙弘的诗词作品。在这一篇"知识链接"中，我们就通过陈子昂、王安石和杨万里的诗词来感受他们对待"表里不一"的公孙弘的态度吧。

答洛阳主人

【唐】陈子昂

平生白云志，早爱赤松游。
事亲恨未立，从宦此中州。
主人亦何问，旅客非悠悠。
方谒明天子，清宴奉良筹。
再取连城璧，三陟平津侯。

不然拂衣去，归从海上鸥。
宁随当代子，倾侧且沈浮。

送何正臣主簿

【宋】王安石

何郎冰雪照青春，应敌皆言笔有神。
鲁国儒人何独少，元君画史故应真。
百年冠盖风云会，万里山川日月新。
何但诸公能品藻，会须天子擢平津。

送刘茂村主簿之官理定

【宋】杨万里

陆机二十作文赋，刘君二十诣大常。
桃花浪险阿香怒，点破龙额归西江。
平津六十策第一，刘君五十赐袍笏。
一官初入八桂林，官无早晚在努力。
大师大漕两德星，总是青原旧使君。
若问公堂阶下吏，便是三瑞堂前门生前进士。

【 司马相如列传 】

凤求凰

司马相如是西汉伟大的文学家。

司马迁为了写好当代大才子司马相如的传记，花了很多心思。他巧妙地运用了一种结构类比的写作手法，高度浓缩了司马相如才华横溢的一生。

《司马相如列传》可以分成两大部分：

第一部分讲了司马相如在故乡传奇般的发家经历，第二部分讲了他在汉武帝的宫廷里的经历。

和一般人物的传记不同，司马迁这篇《司马相如列传》的前后两部分之间有一种奇妙的互相对应的关系。

怀才不遇

司马相如是蜀郡成都人。他仰慕战国时蔺相如不畏强暴的英雄气概,所以给自己起了"相如"这个名字。可见他是一个很有抱负的人。

不过,司马相如刚踏入仕途时走得很不顺利。家里花了钱,为他在长安买了一个在汉景帝宫廷里当骑兵侍卫的官职,可是司马相如却并不喜欢当武官。他喜欢写辞作赋,是一个地地道道的文人。

汉景帝偏偏对文学没有一点儿兴趣,导致司马相如根本无法将自己的才华发挥出来。而且,他还有口吃的毛病,没办法在天子召对的时候侃侃而谈、畅所欲言。最后郁郁不得志的司马相如只好以生病为借口,灰溜溜地辞官回了老家成都。

文君卖酒

司马相如有个朋友在离成都不远的临邛当县令。这位老朋友听说司马相如回乡,就盛情邀请他到临邛来做客。临邛就是现在成都西南边的邛崃市。

你如果不是四川人,可能没有听说过邛崃这个地方。在西汉时期,临邛可是首屈一指的富饶之乡。邛崃出产铁矿，是汉代铸造铁器的一个中心，那里的很多大商人靠着贩卖铁器发财致富。

当时，临邛的首富名叫卓王孙，他家富可敌国，他过着像帝王一样奢华的生活。卓王孙听说县令有贵客来访，为了巴结地方官，就在家设宴招待县令和司马相如。酒席上，司马相如风度翩翩，见解不凡，让一座嘉宾都为之倾倒。县令借酒助兴，命人取来一张古琴，请司马相如再给大家展示一下自己拿手的琴艺。

卓王孙有一个女儿叫卓文君，才十七岁就成了寡妇。这一天，她听说家中有贵客，就偷偷地躲在帘子后面，一睹了司马相如的风采。司马相如早就注意到酒席大厅的外侧，有一个美丽动人的身影，不觉心生爱慕，就借着琴声寄托了相思的感情，深深地打动了卓文君。

世间知音少，难得有情人。卓文君不顾封建礼教的束缚，夜里与司马相如一起私奔，回了成都。这一段风流轶事，后来成了千古美谈。后人还附会司马相如在酒席上弹的曲子，就是现在流传的古琴曲《凤求凰》。相传"凤"是雄鸟，"凰"是雌鸟，凤求凰就是男子追求心爱女子的意思。

美谈归美谈，这件事在当时可是让卓王孙气炸了。他觉得女儿私奔给家族带来奇耻大辱，发誓从此与卓文君断绝父女关系。

到了成都，卓文君发现司马相如家徒四壁、穷困潦倒，根本无法生存。她做了一个大胆的决定：带着司马相如回临邛。卓文君让司马相如把车马卖了，用这点儿钱在临邛的街面上置办了一个小酒馆。卓文君自己做掌柜当垆卖酒，司马相如穿着短裤打下手——洗碗洗碟。

临邛街上的人听说首富卓王孙的女儿在卖酒，都来看热闹。卓王孙听说自己的女儿抛头露面，当了小酒馆的老板娘，觉得非常尴尬。他只好拿出百万家财，附带奴仆用人，送给女儿做嫁妆，赶紧打发司马相如和卓文君回成都去。从此，司马相如过上了衣食无忧的生活。

这就是《司马相如列传》的第一部分。司马相如有了美满的家庭，时来运转。接下来，司马迁就开始写他跟汉武帝相知的故事了。这段故事，始于一段奇遇。

养狗的同乡

汉武帝刘彻跟父亲汉景帝脾气不同，在国家大事之外，醉心于文艺。有一次，他读到一篇《子虚赋》，被其中的文采深深折服。他以为能写出如此典雅文章的必然是一位古人，由衷感慨："可惜朕不能与这位大才子生在同一时代啊！"

汉武帝的感慨被皇帝身边的一个管理猎犬的宦官杨得

意给听见了。杨得意正好是成都人，讨好汉武帝："我听同乡司马相如说过，这篇《子虚赋》是他写的。"

汉武帝一听，大吃一惊，喜出望外，立刻派人去成都召司马相如进京。千里之外的司马相如无论如何想不到，自己能飞黄腾达，全靠了这位养狗的同乡。

不过，司马相如并没有因为深得汉武帝的宠幸就从此位高权重。事实上，司马相如一生最高只做到中郎将一级的中层官职，且只是一个临时职位。他在仕途上一直不很得意。

但是，在《司马相如列传》里，司马迁写司马相如在汉武帝朝廷里的这部分，却占到了全部篇幅的八成以上。而且，在这么大的篇幅里，司马迁并没有写什么史实，而是罗列了司马相如献给汉武帝的所有辞赋文章。在《史记》里，司马迁做这种内容安排，是很不同寻常的。

弦外之音

在《史记》里，除了《司马相如列传》，司马迁还写过一些前代文学家的传记，比如很著名的《屈原贾生列传》。在这两位前辈大家的传记里，司马迁只选入了两篇短小的辞赋，略微寄托了对两位贤人怀才不遇的惋惜之情。

但是在《司马相如列传》里，司马迁不惜笔墨，一口气选了司马相如的《上林赋》《喻巴蜀檄》《难蜀父老》《上书谏猎》《哀秦二世赋》《大人赋》和《封禅文》七篇文章。在司马迁之前，没有史官这样做，在司马迁之后，也很少有史官在人物传记里面罗列这么多篇创作文章的例子。所以，司马迁撰写《司马相如列传》的手法真是空前绝后。

司马迁这样做难道是因为司马相如妙笔生花，让他爱不释手，难以取舍吗？

历代研究《史记》的学者对《司马相如列传》里这种特殊的内容安排有着不同的解释。在这一篇中，我要给你讲一讲我的看法：司马迁写《司马相如列传》其实是话中有话，暗藏着弦外之音。

在《司马相如列传》里，司马迁利用卓文君和汉武帝这两个人物形成了一组暗喻类比。这组暗喻类比之间的联结纽带，就是司马相如最擅长的两样艺术天赋：音乐和辞赋。司马相如用动听的琴声，打动了卓文君的少女之心；用华丽的辞赋，打动了汉武帝的天子之心。

司马相如俘获了卓文君的欢心，从此过上了丰衣足食的富豪生活；又因为博得了汉武帝的欢心，从此成了天子身边炙手可热的红人。

不过司马相如最终因为优渥的生活得了一身富贵病。

司马迁在《史记》里写司马相如身患消渴疾而死。很多历史学家认为消渴疾其实就是糖尿病，也就是现在体检指标"三高"里的血糖高。

然而在朝廷之中，作为天子身边的红人，司马相如其实只是一个陪着皇帝消遣散心的文学弄臣，距离自己的人生偶像蔺相如相差了十万八千里。所以，虽然司马迁写的司马相如和卓文君的缠绵故事只占了整篇列传很少的篇幅，但其中却包含着司马相如整个人生的缩影。司马相如献给汉武帝的那么多篇辞赋，其实就跟当初他在酒席上弹奏的那一曲《凤求凰》一样，寄托了他寻求知音的深切渴望。

中国古典文学从屈原的《离骚》开始，就有一个固定的传统，就是文人常把香草比喻成有高洁品格的自己，把美人比喻成人世间的君主。文人用追求美人不得来象征自己的抱负无法得到君主的青睐和支持。司马迁正是暗暗地化用了《离骚》"香草美人"的象征手法，架构起了《司马相如列传》。

从《司马相如列传》里，我们还能隐隐读出司马迁在自伤身世。司马相如虽然是一代大才，却也只能成为天子身边的一介文学弄臣而已。司马迁在晚年给朋友写的《报任安书》里曾说："文史星历，近乎卜祝之间，固主上所戏弄，倡优所畜，流俗之所轻也。"司马迁身为太史令，能用来报效朝廷的也只是在文字上花心思的才能。而他的才能在天子眼中，却跟供人戏弄娱乐的歌伎优伶的演艺技巧相去无几。

我们从这段太史公字字泣血的自述中，就更能读出《司马相如列传》里涌动的世间炎凉了。

家徒四壁

释义： 家里只有四周的墙壁，形容家中一无所有，经济条件很差。

《司马相如列传》原文： 相如乃与驰归成都，家居徒四壁立。

例句： 他虽然家徒四壁，但是十分努力。

子虚乌有

释义： 子虚和乌有都是汉代司马相如《子虚赋》中虚构的人物，故以子虚乌有表示假设而非实有的事物。

《司马相如列传》原文： 相如以"子虚"，虚言也，为楚称；"乌有先生"者，乌有此事也，为齐难；"无是公"者，无是人也，明天子之义，故空藉此三人为辞，以推天子诸侯之苑囿。

例句： 这件事纯属子虚乌有，你不要当真。

太史公曰：《春秋》推见至隐①，《易》本隐之以显②，《大雅》言王公大人而德逮黎庶③，《小雅》讥小己之得失，其流及上④。所以言虽外殊，其合德一也。相如虽多虚辞滥说，然其要归引之节俭，此与《诗》之风谏何异？扬雄以为"靡丽之赋，劝百风一，犹驰骋郑卫之声，曲终而奏雅⑤"，不已亏乎⑥？余采其语可论者著于篇。

注释：
①《春秋》推见至隐：《春秋》是从具体的事实中推演，研究出深奥的道理。
②《易》本隐之以显：《易经》是通过探讨精细深刻的道理来掌握明显具体的事情的规律。
③《大雅》言王公大人而德逮黎庶：《大雅》讲王公大臣的事，使他们的德行在黎民百姓中普及。
④《小雅》讥小己之得失，其流及上：《小雅》是从个人得失的小事讲起，以达到对上讽谏的目的。
⑤曲终而奏雅：直到一曲终了，才听到一点儿优雅的声音。
⑥不已亏乎：难道不过分吗？

古曲《凤求凰》

传说《凤求凰》是汉代的古琴曲，演绎了司马相如与卓文君的爱情故事。王实甫在《西厢记》中用了一段《凤求凰》的唱词，优美动情，堪称绝世佳句，值得大家仔细品读。

凤求凰

【汉】司马相如

有美一人兮，见之不忘。
一日不见兮，思之如狂。
凤飞翱翔兮，四海求凰。
无奈佳人兮，不在东墙。
张琴代语兮，欲诉衷肠。
何时见许兮，慰我彷徨。
愿言配德兮，携手相将。
不得于飞兮，使我沦亡。

列传·大汉风云

71篇

【酷吏列传】（上）

皇帝的鹰犬

在古代，法律是统治者意志的体现。

我们想要知道汉朝皇帝内心真实的想法，最好的方法就是去了解他们手下那群执行法律的官吏。

司马迁把许多在描写帝王的"本纪"里不方便直接表现的事，都在《酷吏列传》中看似不经意地露出蛛丝马迹。

酷吏是一群专门执行严刑峻法的冷面打手。皇帝通过他们的恐怖手段把权力的威力放大。酷吏的这一功能在汉武帝时期表现得尤为突出。

司马迁专门为酷吏们立传，真可谓是用心布局。

"苍鹰"郅都

西汉刚建立的时候，王朝根基未稳，民间百废待兴，从汉高祖到汉文帝，朝廷都实行"与民休息""清静无为"的治国策略。即使没有秦朝严苛的法令，汉朝初年的社会风气也十分淳朴。但是到了汉景帝时代，朝廷出了一桩震动天下的大案子，引出了一群善于舞法弄权的酷吏。

这桩大案，就是汉景帝废栗太子案。汉景帝最初宠爱妃子栗姬，所以立栗姬的长子刘荣为太子。后来，在宫廷斗争中，刘彻的母亲王夫人联合长公主刘嫖扳倒了栗姬，太子刘荣被废为临江王。年仅七岁的胶东王刘彻成了新的储君。

有句老话说得好，最是无情帝王家。汉景帝刚经历了老刘家骨肉相残的七国之乱，担心刘荣虽然是自己的亲生儿子，但是将来难免因为心存怨恨而犯上作乱。如果刘荣真的存了报复的心，七国之乱的闹剧很可能会再次上演。

以防万一，汉景帝决定翦除刘荣一切可以倚靠的资源，首当其冲就是刘荣母亲栗姬的外戚家族。汉景帝生怕主办案件的官员心慈手软，特意点名号称"苍鹰"的郅都来主理此案。

汉景帝为什么特别信任郅都呢？

第一，汉景帝看中了郅都对他的赤胆忠心，只执行他的命令。

郅都平时最常说一句话："当官就该奉公守职而死，绝不能顾惜老婆孩子。"在汉景帝眼里，一个臣子不结党营私，就是忠诚。在朝廷中，郅都从不结交权贵。丞相周亚夫是平定七国之乱的大功臣，满朝文武都对周亚夫恭恭敬敬，只有郅都见了周亚夫，最多只是礼貌地拱手作揖，从不多说话。

第二，郅都这个人非常冷酷无情。

有一次，汉景帝带着一个宠妃外出打猎。妃子在野外方便的时候，突然有一只野猪冲进了厕所。汉景帝向身边的郅都使眼色，示意他去救援。郅都完全明白汉景帝的意思，但就是不行动。汉景帝心急如焚，准备自己操起兵器去赶野猪，没想到却被郅都拦住。

郅都对汉景帝说："这个妃子死了，您马上就会有新的妃子来补位，这天下并不缺女人啊！陛下您可是万金之躯，却以身冒险，怎么对得起祖宗和太后？"

万幸的是，那头野猪并没有伤人就跑掉了。不过郅都的这番话却给汉景帝留下了深刻的印象。汉景帝并不认为郅都冷酷无情，反而觉得他赤胆忠心。

在汉景帝的认知里，郅都是为了维护皇权，可以像猎人的鹰犬一样随时出击的人。汉景帝打定了主意，郅都正是审办废太子的最佳人选。

郅都果然没有辜负汉景帝的期望。他花了两年时间查这桩案子，穷追猛打、四处株连，把刘荣的舅舅栗卿一族人一网打尽。栗姬扛不住强大的压力，忧郁而死。

后来，刘荣也被罗织罪名，从封地传唤进京受审。郅都命令手下不允许刘荣跟外界联系。刘荣想要给亲爹汉景帝上书，却连一支笔都得不到。魏其侯窦婴是刘荣从前当太子时的老师，听到风声，派人偷偷给刘荣送去了刀和笔。绝望的刘荣给汉景帝写了绝笔信，在狱中自杀身亡。

有个成语说得特别好，虎毒不食子，然而汉景帝却通过郅都的狠毒手段逼死了刘荣，这让汉景帝的母亲窦太后忍无可忍，逼汉景帝下旨法办逼死孙子的郅都。

汉景帝为了维护郅都，只好把他调到边境去防守匈奴。郅都到了边境，竟然展示出了不同凡响的治兵打仗的才能。在郅都的压制下，不敢来侵犯边境的匈奴恨得咬牙切齿却无可奈何，甚至用练箭的靶子来象征郅都，射箭诅咒他。

汉景帝打算用郅都在边境的出色表现说事，向窦太后求情："郅都是大忠臣啊。"

窦太后一听，气不打一处来，抢白说："我孙子临江王难道就不是忠臣？"

后来，用刑法逼死临江王刘荣的郅都还是被法办斩首了。

"乳虎"宁成

"乳虎"不是吃奶的小老虎，而是刚生完崽，脾气暴躁的老虎妈妈。我们在这里讲的酷吏宁成比"乳虎"更可怕。

汉景帝非常怀念郅都，一直想再找一个这种"克己奉公、冷峻无情"的工具人。有这样的人在他身边，百官震慑、小民束手，人人都害怕恩威莫测的皇权。

宁成曾经是郅都的下属，虽然酷吏的风格与郅都并无二致，但是人品却比郅都差。

宁成心胸狭窄，总是欺负年长的同僚；心肠十分狠毒，竭力约束、压迫下属，把手下人当作牛马驱使；还喜欢凭借手里的权力耀武扬威。

郅都审废太子案，让整个酷吏团体出尽了风头，朝廷上下噤若寒蝉。汉景帝食髓知味，他对长安城里飞扬跋扈的王公贵族们早有不满，还想找个酷吏来灭灭这些王公贵族的气焰，于是就提拔宁成接替郅都的职位，负责纠察京城。

宁成得到皇帝的支持，施展雷霆手段毫不留情。皇亲贵戚们受到废太子之死的震慑，个个惶恐，只好对宁成的飞扬跋扈忍气吞声。

汉武帝即位之后，宁成终于体验了什么叫"一朝天子一朝臣"。贵族们纷纷到新天子面前告宁成的状，准备联手扳倒这座压在他们身上的"五指山"。宁成人品很差，让别人抓住不少把柄，很快被撤职查办，判了刑。

汉朝人讲气节，朝廷大臣犯了法，通常宁愿一死也不肯服刑受辱。不过，宁成可不是什么清高的士大夫，就算不能当官了，也得留住这条命啊。他还赌着一口气，说："此地不留爷，自有留爷处。我当不成二千石的高官，还做不了家财万贯的富豪吗！"于是，他回老家经商治产，靠借贷买地，招租种田，成了大财主。

不过，成为富豪的宁成并没有改掉酷吏的本色。他搜罗官吏不法的把柄，以此为要挟，横行乡里。在老百姓眼中，宁成比官府还要霸道。

过了几年，汉武帝又想起宁成，想重新起用他当地方官。王公贵族们都不乐见其事。

圆滑老成的御史大夫公孙弘出面劝阻说："当年，宁成在我家乡当官，我在他手下当过差，我了解他这个人，管理地方治安时就像恶狼闯入羊群。此人不堪父母官之任。"

汉武帝扛不住群臣的反对，只好派宁成负责进出关中要道武关的治安。重新得势的宁成在都尉这个岗位上耀武扬威。没过多久，凡是经过关隘的大小官吏，都在传一句话："宁见乳虎，勿值宁成之怒。"这句话的意思是，宁成一发威，比刚生了崽的老虎妈妈还凶狠！可是，宁成无论怎么凶狠，他的威风都赶不上当年了。

汉景帝开提拔酷吏之风，汉武帝不改乃父之志。上有所好，官吏们都把执法严酷当成本事。新一代的酷吏比起郅都、宁成这老一辈来有过之而无不及。

长安令义纵

有一个叫义纵的酷吏，竟然是宁成的命里克星。义纵的姐姐因为给汉武帝的母亲王太后看病而得宠。后来，由太后保举，义纵当了官。义纵因为执法刚正，不畏权贵，被提拔为长安令。

汉武帝有个同母异父的姐姐修成君。修成君的儿子仗着自己是天子的外甥胡作非为。义纵连眼睛都不眨就把这个纨绔贵公子法办了。

汉武帝不为以忤，反而对义纵青睐有加。从此，义纵的执法手段更加严厉，对地方上的豪强大族说杀就杀。在有他执法的地方，谁也不敢轻举妄动。

后来，汉武帝调义纵去宁成老家当太守。义纵早就听说宁成家族是地头蛇，已经磨刀霍霍，做好了严厉执法的准备。

义纵在赴任的路上，经过宁成镇守的关隘。一向气焰嚣张的宁成也早听说过义纵的雷霆手段，这一次不敢怠慢，恭恭敬敬地迎送接待，生怕自己落了什么把柄在义纵手里，不好收拾。

但是，义纵丝毫没把这种示弱放在眼中，刚到任就立刻纠察宁成家族的各种不法行为。最后，宁家被整得支离破碎，一代酷吏"乳虎"宁成彻底威风不起来了。

道不拾遗

释义：财物虽然被遗失在路上，却没有人会据为己有，形容社会风气良好，人民安居乐业。

《酷吏列传》原文：居岁余，郡中不拾遗。

例句：这里民风淳朴，道不拾遗。

太史公曰：信①哉是言也！法令者治之具②，而非制治清浊之源③也。昔④天下之网⑤尝密矣，然奸伪萌起⑥，其极也，上下相遁⑦，至于不振⑧。当是之时，吏治⑨若救火扬沸，非武健严酷，恶能⑩胜其任而愉快乎！言道德者，溺其职矣。……

注释：
①信：诚然。
②法令者治之具：法令只是当政者治理国家的一种手段。
③而非制治清浊之源：不是治理国家、让社会清明的根本方法。
④昔：指当年的秦王朝。
⑤网：法网。
⑥萌起：滋生。
⑦上下相遁：上下之间互相欺骗。
⑧不振：不可救治。
⑨吏治：官吏治理社会的情形。
⑩恶能：岂能。

汉武帝实现"大一统"

经过汉初七十年的恢复和发展，到公元前141年汉武帝即位，西汉王朝进入了空前繁荣的阶段。汉武帝继承文景之治的富强国势和安定政局，加强皇权巩固统一，使用酷吏只是其中的一个手段。现在我们用一个表格来梳理一下汉武帝巩固国家中央集权的措施及影响。

汉武帝巩固国家中央集权的措施及影响

方面	举措	影响	整体效果
政治	1. 颁布推恩令，继续打击割据势力。 2. 打击豪强，一方面继续推行汉初以来迁徙豪强的办法，将地方豪强置于中央政府控制之下；另一方面利用酷吏诛杀豪强。 3. 提高皇权，采取了限制丞相权力的措施。与此同时，提拔一批中下层官员作为皇帝的高级侍从和助手。 4. 加强监察制度，在地方上建立刺史制度，中央设立司隶校尉。	大大削弱了诸侯王、地方豪强、朝廷高官的权势，增强了皇帝的权威，促进权力进一步向中央靠拢。	汉武帝通过在政治、思想文化、经济、外交等方面的一系列改革，实现了大一统，西汉进入了鼎盛时期。
思想文化	采用董仲舒"罢黜百家，独尊儒术"的建议；大力推行儒学教育，在长安设太学，在地方设官学。	实现了思想统一，保证了皇帝的权威和朝廷政令的推行，使儒家思想逐渐成为中国古代社会的正统思想。	
经济	统一货币铸造（五铢钱），将食盐和铁器的生产收归中央。	极大地增加了中央收入，大大加强了中央集权。	

续表

方面	举措	影响	整体效果
外交	1.派大将军卫青和骠骑将军霍去病率军北击匈奴，收回河套和河西走廊地区，在河西走廊陆续设郡。 2.派张骞出使西域，把长城修到敦煌以西地区。 3.发兵征讨云南，并设立郡县。 4.重视对南方的经营，修建通往西南地区的道路，加强与西南少数民族的联系。	基本解除了汉朝北部边患，与西域各国建立起友好关系，开辟丝绸之路，促进了民族融合。	

【酷吏列传】（中）
最有出息的刀笔吏

耳濡目染

在汉武帝时代，最有代表性的酷吏就是张汤。

张汤出生在长安的一个小刀笔吏家庭。刀笔吏，本来指的是专门负责抄抄写写的小官。在纸张还没有被发明出来的时候，人们把文书写在竹简或者木板上，如果写错了字，就用小刀把字刮掉。所以，刀和笔就是古人最常用的文具，两者并称，就用来指代这种文书小官。

后来，汉朝重用酷吏治国，刀笔吏又指那些熟悉法律条文，专门负责案件审讼的低级官僚。

张汤从小看着父亲在官府里审讯犯人，耳濡目染，学习了很多断案的知识。

有一回，父亲出门，让张汤看家，没想到有老鼠偷了家里的肉。父亲回来后责怪张汤看守不严，狠狠惩罚了他一顿。张汤揉着火辣辣的屁股，心里很不服气，就去挖家里的老鼠洞，不仅抓住了老鼠，还发现了一些残肉。"鼠赃俱获"，张汤就过家家似的升堂审案，把老鼠绑起来逼问拷打，还替老鼠写了一份口供，做成结案文书。最后，他宣判将老鼠凌迟处死。

张汤的父亲看了儿子写的审讯老鼠的记录，觉得文辞老辣，一点儿也不像小孩子在闹着玩儿，倒像是经验丰富的法官写的正式文书。从此，他就开始正式教张汤审讯断案。

在汉代，底层的刀笔吏想成为朝廷的重臣比登天还难。可是，张汤是个例外，他一直做到了相当于百官第二把手的御史大夫。他能从一介刀笔吏上升为汉武帝宫廷里最有权势的人物，连群臣之首的丞相都要让他三分，到底用了什么绝招呢？

铁腕御史

张汤子承父业，在长安做了一个管司法的小官，好像一时也看不到哪天才是自己的出头之日。有一天，一个犯人被关进长安大牢，张汤见了他。这场会面就像当初吕不韦见了奇货可居的秦国公子子楚一样，产生了奇特的效应。

原来，这个新犯人就是武安侯田蚡的弟弟田胜，也就是汉武帝的小舅舅。不过，汉武帝当时还没登基，汉朝还是他父亲汉景帝做主，所以田胜只是因为犯了点儿小事就被关进了牢房。

张汤的脑筋转得很快：田胜虽然现在虎落平阳，但是等到汉武帝即位，他作为皇帝的舅舅肯定能呼风唤雨。

于是，他在牢里把田胜照顾得无微不至。田胜对此非常感激。后来，田胜出了大牢官复原职，就带着张汤四处结交朝中权贵。最后，张汤就投到了丞相武安侯田蚡的门下。

凭借田蚡的举荐，张汤被汉武帝任命为朝廷御史，跟从前一样还是负责审讯断案，只不过现在要审的不再是鸡毛蒜皮的小事了，而是要断天下人的生死。

不久，田蚡死了，张汤没了后台。张汤知道汉武帝不喜欢田蚡，自己难免要受牵连。就在这时候，宫廷里发生了一起大案，张汤竟然因为这起大案意外地走向了人生巅峰。

这件大案牵扯到了皇后陈阿娇。陈皇后跟汉武帝一向感情不和，陈皇后听信巫师有让皇帝回心转意的法术，就把巫师叫进宫作法，这就触犯了宫廷大忌。

有人偷偷报告，说在皇后宫里有人诅咒皇帝。汉武帝大发雷霆，下令彻查。这案子就交到了御史张汤手上。张汤明白自己如果这一回不能让皇帝满意，就只能为田蚡陪葬了。

他明白汉武帝已经下定决心要废黜皇后，便充分施展酷吏的铁腕，穷追猛打，揪出三百多号人，全部以用巫术谋害皇上的罪名处死。铁案如山，陈皇后百口难辩，被打入冷宫。

张汤冷酷无情的办案风格，深得汉武帝欢心。后来，张汤又被派去审理淮南王刘安谋反未遂的案子。在审理过程中，他刨根问底、清查党羽，前后杀了三万多人。

当然，张汤光凭残酷辣手，是无法真正赢得汉武帝的信任的。他知道汉武帝喜欢儒术，就请来一批读书人，在他断案时引经据典，用儒家学说来修饰血淋淋的判案文书。

张汤在私下还做出一副谦虚恭敬、礼贤下士的样子。他十分照顾穷亲戚，过年过节从来不忘记去问候各级长官，风雨无阻。以儒术受封的丞相公孙弘，就特别欣赏张汤，觉得他深通修身之道。

张汤这种外儒内法的风格，最合汉武帝的口味，他从此就成了汉武帝的亲信。

桀贪骜诈

当然，也有人对张汤这一套深恶痛绝。汉武帝身边有一位以正直出名的大臣叫汲黯，他就批评张汤是奸诈小人。司马迁写张汤的传记，也是围绕着一个"诈"字展开的。最后，张汤走向穷途末路，也是因为这个"诈"字。

汉武帝穷兵黩武，闹得国库空虚。张汤为了迎合汉武帝，挖空心思替他搜刮民脂民膏。皇亲国戚、民间富户都被整得倾家荡产。

张汤没收了赵国最大的财源——铸铁。赵王是汉武帝的弟弟，为此气急败坏，一心要对付张汤。正巧，赵王有一个仇家叫鲁谒居，是张汤的手下。赵王探听到消息，鲁谒居害死了张汤在朝廷里的一个对头。于是，赵王就去揭发张汤与手下狼狈为奸，陷害大臣。

朝廷把赵王的举报立案侦查。正在这个需要人证的时候，鲁谒居突然病死了。官府就把鲁谒居的弟弟抓起来审问。鲁谒居的弟弟在牢里看到了来审案的张汤，立刻大声求救。张汤虽然想帮他，但是为了在人前避嫌，故意要诈，不理不睬。鲁谒居的弟弟头脑简单，猜不透张汤的心思，只觉得张汤无情无义，一气之下翻了脸，索性坦白张汤确实指使自己的哥哥陷害大臣。

案情变得复杂起来，引起了丞相府长史朱买臣的注意。朱买臣以前是张汤的上级。张汤还是无名小卒的时候，见了朱买臣和其他长史们都毕恭毕敬，自从爬到御史大夫的高位之后，就十分不客气地对朱买臣这些老上级颐指气使。

朱买臣对张汤用人朝前，不用人朝后的做法非常不满。他想借张汤身陷囹圄的机会处理他，于是就联合其他两名长史搜集罪状告发张汤对皇帝阳奉阴违：在制定经济法令的时候，张汤预先勾结商人囤积居奇，利用朝廷法令分赃谋利。

汉武帝听了朱买臣的密告，对张汤起了疑心，就故意拿话套张汤："好像有人预先把新法令的消息泄露给商人，让他们提前做准备。"

张汤不知道朱买臣已经告发自己，故意装出吃惊的样子说："定有此事。"

汉武帝看到张汤故作惊讶的样子，心里更加不满。就在此时，赵王告张汤的案情文书送到了汉武帝眼前。**汉武帝一看，更加坚信张汤心怀诡诈，当面欺骗自己。**于是，汉武帝派出八位官员拿着罪证去找张汤对质。

失去了皇帝信任的张汤自感走投无路，仰天长叹："三长史害我！"说完这句话后，便自杀身亡。

张汤死后，朝廷查抄张汤家产，发现除了从前汉武帝赏赐的五百金，再无其他财富，更查不到商人的贿赂。汉武帝没想到张汤竟然这么清廉，又听说张汤的母亲不许家族厚葬张汤，觉得自己真是错怪了张汤，为了弥补，他就把告发张汤的朱买臣给杀了。

张汤真的清廉吗？其实，在早年间，张汤就有收受财货的劣迹。他发达以后，还有商人用钱买通门路，争着来当他的门客。

如果没有好处，商人们为什么要巴结张汤呢？贪官要隐匿财产，总有各种各样的方法，更何况是张汤这样老谋深算的奸诈之徒呢。

张汤家不是大富大贵的世家贵族，如果真没有钱，张汤的母亲又何必特意禁止厚葬张汤呢？这显然是故意装穷，让汉武帝感到张汤真是含冤受屈。刀笔吏张汤，即使躺到棺材里，也不会轻易放过自己的敌人啊！

在这一篇《酷吏列传》中，司马迁就用这种鲜明的对比，把张汤的"诈"刻画得入木三分，让读者过目不忘、印象深刻。

一意孤行

释义：指不接受别人的劝告，顽固地按照自己的想法去做。

《酷吏列传》原文：公卿相造请禹，禹终不报谢，务在绝知友宾客之请，孤立行一意而已。

例句：他一意孤行，终于酿成大错。

会浑邪等降，汉大兴兵伐匈奴，山东①水旱，贫民流徙，皆仰给②县官③，县官空虚。于是丞上指④，请造白金及五铢钱，笼天下盐铁，排富商大贾⑤，出告缗令，锄豪强并兼之家，舞文巧诋以辅法⑥。汤每朝奏事，语国家用⑦，日晏⑧，天子忘食。丞相取充位⑨，天下事皆决于汤。百姓不安其生，骚动，县官所兴，未获其利，奸吏并侵渔⑩，于是痛绳以罪。则自公卿以下，至于庶人，咸指汤。汤尝病，天子至自视病，其隆贵如此。

注释：
①山东：崤山以东。
②仰给：靠国家补给、救济。
③县官：汉时指国家、朝廷，有时也用以称皇帝。

④丞上指："丞"同"承"，迎合。看准了皇帝的心思而带头迎合。

⑤排富商大贾：摧抑打击富户、商人。

⑥舞文巧诋以辅法：对条文巧做解释，弥补法令之不足，变着法地陷害人。

⑦语国家用：讲述如何筹集财富，以供朝廷开销。

⑧晏：晚。

⑨充位：在这个位置上充数，却不管事。

⑩奸吏并侵渔：贪官恶吏们借着朝廷调整政策的时机大肆牟利。

西汉造纸技术的发展

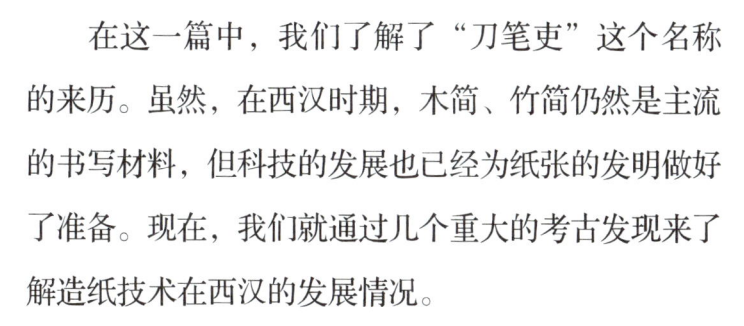

在这一篇中，我们了解了"刀笔吏"这个名称的来历。虽然，在西汉时期，木简、竹简仍然是主流的书写材料，但科技的发展也已经为纸张的发明做好了准备。现在，我们就通过几个重大的考古发现来了解造纸技术在西汉的发展情况。

1933年，考古学家在新疆罗布淖尔地区发现了一片西汉中叶的麻纸。考古学家可以清晰地从这片麻纸的纸面看到麻。考古学家还在同一遗址中发现汉元帝元年的木简。这片木简可以佐证同时发现的这片麻纸为西汉时期的文物。这个发现意味着用于书写的麻纸在西汉时期已经出现，比"蔡侯纸"早了一个半世纪。

1957年，在西安灞桥汉墓葬区灞桥砖瓦厂工地出土了"灞桥纸"。当时，灞桥砖瓦厂的工人在取土时，发现了一座西汉汉武帝时代的古墓，墓中的一面青铜镜上，垫衬着几层古纸。这些纸颜色暗黄，原料主要是大麻，掺有少量苎麻。考古学家给这种古纸取名为"灞桥纸"。灞桥纸虽然质地粗糙，不能用于书写，但无疑是世界上最早的以植物纤维为原料制作的纸。

1973年，考古学家在金水关西汉烽燧遗址中发现了著名的"金关纸"。金关纸色泽白净，薄而匀，一面平整，另一面稍稍起毛，质地细密坚韧，含微量细麻线头。根据考古学家鉴定，金关纸只含大麻纤维。考古学家还在同一处遗址中发现了汉宣帝甘露年间的竹简，从而佐证金关纸是汉宣帝时期的文物。这一发现表明，公元前1世纪中叶，在遥远的边塞，质量较高的纸已经被制造出来了。

1979年，考古学家在甘肃敦煌马圈湾烽燧遗址发现西汉麻纸残片，经过考证，马圈湾纸为西汉汉宣帝时期的文物。这一发现证明西汉汉宣帝时期，中国人已经掌握了制造麻质纤维纸的技术。

1986年，甘肃省天水放马滩汉代墓葬区出土不规则的碎片纸。经考证，放马滩纸是一幅麻纸地图。麻纸刚出土时呈黄色，后来颜色逐渐变成黄色夹杂着一些浅灰色，纸薄而平整、软滑。放马滩纸最大的价值在于，纸面上有用细黑线绘制的山、河流、道路等图形，说明西汉时期的纸已能用于书写和制图。画在放马滩纸上的这幅地图堪称世界上最早的纸绘地图作品，现存于甘肃省博物馆。

73篇

〖 酷吏列传 〗（下）

冷血铁面的执法者

杀人如麻王温舒

王温舒是《酷吏列传》里最凶恶的一头朝廷鹰犬。其他酷吏执行严刑酷法，主要是为了迎合皇帝的喜好，而王温舒却纯粹是乐在其中。

汉武帝曾经提拔王温舒当廷尉。廷尉这个官属于"三公九卿"一级的高级职位，主要负责制定、审核法令。王温舒升了官之后，逐渐发现这个岗位审案多、杀人少，这让他浑身难受，整天无精打采。

汉武帝只好让王温舒降职去当中尉。中尉是武官，专管抓捕，虽然官阶比廷尉小，但具有杀伐决断的权力。王温舒虽然被降了职，但整天神采飞扬，像极了嗅到鲜血的猎犬。

这位深受汉武帝器重的酷吏，年轻时曾干过杀人越货的勾当，是个心狠手辣的人物。后来，他当上官吏，也没有改变残酷无情的性格底色。

王温舒最早被任命为抓捕盗匪的御史。他把当年自己当盗匪的那一套手段用到管理地方治安上，竟然收到了奇效。他挑手下，专挑那种胆大包天，喜欢寻衅滋事的。他表面上由着这群凶狠的爪牙胡作非为，暗地里却在搜罗他们的罪证当把柄。要是手下办事得力，他便既往不咎；要是手下敢躲懒避责，他马上拿出罪证法办，抄家灭族。王温舒凭借这种"投名状"式的土匪管理模式，吓退了无数盗贼，保证了广平郡的长治久安。这真是应了一句老话，同行就是冤家。

汉武帝听说广平郡的治安好到路不拾遗的程度，马上提拔王温舒去河内郡当太守。河内就在广平旁边，王温舒早就摸清了河内各路豪强大户的底细，准备大展拳脚。他不仅把治理广平那套办法搬来了河内，还发明了一套效率更高的杀人方法。

汉代规定，处决犯人必须经过中央朝廷的批准，这是汉朝表面上奉行儒家"慎刑杀"学说的体现。王温舒为了缩短报批的时间，在河内与长安之间设置接力驿站，安排了五十快马和骑手，以六百里加急的速度传递杀人文书。**所以，虽然从河内到长安有几百里远，但是王温舒最多只要两三天时间就能收到朝廷的批准文书。** 这速度堪比今天的快递！

王温舒在河内查案，牵连了上千家族，被处置的犯人轻则斩首，重则灭族，河内郡一时血流成河。人们只要觉得自己身上有一点儿过失，便远走他乡，逃亡外地。到了晚上，河内郡的居民都不敢出门，野地里连声狗叫也听不到。这场屠杀一直延续到十二月底。

快开春了，王温舒急得捶胸顿足。原来汉朝按照儒家"天人合一"的思想，禁止在万物生长的春季处决犯人。王温舒才不在乎什么天地的好生之德，只是遗憾地仰天长叹："冬天如果能再长一个月该多好，我就能把犯人杀光了。"

法律虽然严苛，但只要公平公正，大家也都无话可说。令百姓无法忍受的是，王温舒这个人根本不懂什么叫公平公正。他办案首先看人脸，如果是有权有势的人犯法，就网开一面；如果是平头百姓作乱，那就直接结果了小命。

王温舒罔顾法律的公平，内心穷凶极恶，当然没有好下场。 过了不久，有人拿出铁证告发了王温舒。王温舒畏罪自杀，他的亲族一共五家被满门抄斩。刽子手的悲惨下场只能用"活该"一词来形容。

登峰造极的杜周

酷吏大多死于非命，仿佛冥冥之中总有厄运笼罩着这些冷酷的灵魂。汉代官场上的聪明人都明白，命运这种说法是糊弄人的，当官最重要的是摸清皇帝的脾气，只要不拂逆皇帝这条真龙的"鳞"，自然就不会遭受厄运了。杜周就是最会顺从汉武帝脾气的一名酷吏，因此官运亨通。

杜周曾做过义纵的手下，他也是从那时起开始发迹的。我们在前面讲过，义纵是法办"乳虎"宁成的那个酷吏。义纵执法严苛，为人耿直，不懂迎合皇帝，最后下场悲惨。这个老上司的下场给杜周上了一堂最刻骨铭心的人生课。

义纵因为反对汉武帝的"告缗令"，被处死。"告缗令"是汉武帝为了征税，鼓动天下告发商人富户隐匿财产的一道命令。官吏们在实际执行这道命令的时候，对民间财产强取豪夺。义纵在自己管理的地方就逮捕了乱搞"告缗"的朝廷使者。义纵虽然保护了百姓的财产，却因此丢掉了性命。

杜周从上司血淋淋的教训中获得了一个感悟：这天下只是皇帝一个人的天下。

杜周在办案的时候，时刻紧盯汉武帝的脸色。虽然皇帝的心情始终阴晴不定，但杜周总能精准地捕捉到汉武帝微妙的情绪变化。

汉武帝一旦对某个大臣露出不满的神色，杜周马上就会给这个大臣罗织罪名，将其抓进大牢。如果汉武帝不想对这个大臣赶尽杀绝，杜周也立刻就能心领神会，故意把案子压着不办，等汉武帝回心转意后，再替牢里的大臣申冤。

杜周对皇帝的曲意逢迎受到了很多人的批评。有人言辞犀利地说："你虽然手执三尺法典，却不依法办案，只一味顺着天子的意思，难道法律可以被你这样拿来玩弄吗？"

杜周反诘道："三尺法典是从哪里来的？是石头里蹦出来的吗？法律就是根据历代君主的是非好恶制定的。当今天子说是就是，说不是就不是。天子的意思才是最大的法！"这真是一语道破了皇帝法治的玄机。

杜周还以张汤为榜样，投汉武帝所好，用儒家学说来为严刑酷法装点门面。在朝廷里，杜周装出一副少说话、多办事的老好人的模样，私底下却一直揣着令人震惊的歹毒心肠。

他被汉武帝提拔为廷尉，成为这个朝廷里掌管法律的最高官员，便大兴"诏狱"，也就是天子亲自指定的案件。

各级官员深受其害，人人自危。高级官员被逮系诏狱的，前后有一百多人，中低级官僚每年被逮捕的多达上千人。汉武帝用杜周这根"大棒"，把大臣们调教得服服帖帖。

杜周的办案风格虽然不像王温舒那么血腥，但也极其狠毒。

他办案株连深远，办个小案子，动辄抓捕几十人；如果是办大案子，抓上好几百人也不稀奇；有时甚至能一直株连到千里之外的人。

杜周在审理案件的时候，如果遇到有犯人敢抗拒，不服罪的，就把这个犯人打到低头认罪为止。大家都知道，如果时运不济落到杜周的手里，肯定没有好下场，所以只要听到杜周又在找案子的风声，就纷纷落荒而逃。

杜周抓捕逃犯从来都是不依不饶，即使过了十年八年都不放松，其间就算遇到朝廷大赦，也不会放过。逃犯一旦被他抓捕，全都以大逆不道论处。杜周办理的诏狱，前后逮捕过六七万人，再加上手下经办的案子，他至少让超过十万人殒命。

汉武帝一直信用酷吏，而到了杜周任内，酷吏的恐怖统治便到了登峰造极的程度。 比起秦朝施行的暴政，汉武帝可谓有过之而无不及。到了汉武帝的晚年，被暴政压得喘不过气的老百姓纷纷揭竿而起，逼得垂死的汉武帝不得不颁布《轮台罪己诏》，公开承认自己的失误。

当然，杜周执行苛法，并不是因为关心天下兴亡，而是为了讨好天子，从而为自己争取荣华富贵。

司马迁在写《酷吏列传》时，杜周还活得好好的。司马迁说，杜周刚来长安做官时，全部家当只有一匹瘸脚的老马，但到了晚年，坐上了三公高位，已经家产过亿，子孙都是高官。杜周的这些尊荣不知是建立在多少血泪和白骨之上的。

成语撷英

不寒而栗

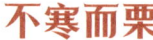

释义：原义是原本不冷却发抖；形容内心非常恐惧。

《酷吏列传》原文：是日皆报杀四百余人。其后郡中不寒而栗，猾民佐吏为治。

例句：他的疯狂举动真是让人不寒而栗。

原典再现

自温舒等以恶为治，而郡守、都尉、诸侯二千石[①]欲为治者，其治大抵尽放温舒，而吏民益轻犯法[②]，盗贼滋起。南阳有梅免、白政，楚[③]有殷中、杜少，齐④有徐勃，燕赵之间⑤有坚卢、范生之属。大群至数千人，擅自号⑥，攻城邑，取库兵⑦，释死罪⑧，缚辱郡太守、都尉，杀二千石，为檄告县⑨趣具食⑩；小群以百数，掠卤乡里者，不可胜数也。

注释：
①诸侯二千石：代指诸侯国的太傅与丞相。
②轻犯法：不在意犯法。
③楚：汉代诸侯国。
④齐：汉代诸侯国。
⑤燕赵之间：燕、赵皆汉代诸侯国。
⑥擅自号：擅立名号。
⑦取库兵：劫取国家仓库里的武器。
⑧释死罪：释放监狱里的死刑犯。
⑨为檄告县：发布檄文通告各县官吏。
⑩趣具食：迅速为其跟随者准备吃食。

茂陵怀古

公元前87年，汉武帝病逝，葬于茂陵。茂陵北面远依九嵕（zōng）山，南面遥屏终南山，是汉代帝王陵墓中规模最大、修造时间最长、陪葬品最丰富的一座，被称为"中国的金字塔"。

汉武帝一生戎马生涯、励精图治，通过政治、经济、军事、文化、外交一系列的改革，使西汉进入全盛时期。但是，他也是一位好大喜功、穷兵黩武、穷奢极侈的帝王。

为加强中央集权统治，汉武帝改变汉初约法省刑的政策，不仅恢复了汉初废除的连坐法、族诛法等，还创制了许多酷刑。这些酷刑在诛除豪强、加强专制皇权方面，起到了一定作用，但也大大地激化了社会矛盾。

汉武帝为了彰显自己的帝王尊贵，不惜花费大量的人力物力，不仅在长安兴建了金碧辉煌、豪华壮丽的建章宫，还到处兴建离宫别馆，并用奇珍异宝进行装饰。他四处巡幸，多次封禅，祭神求仙，只为寻觅传说中的长生不老药。

他对自己十分纵容，大量饲养怪禽异兽，还宠幸方士。他喜欢大宛（yuān）的汗血宝马，于是在公元前104年，下令发兵远征大宛，结果因为缺少供给，军队伤亡惨重。在汉军西征大宛的时候，匈奴铁骑乘机侵扰西汉边境，双方爆发了多次战争，处于内忧外患中的汉军屡战屡败。

到了汉武帝执政的后期，社会矛盾已经十分尖锐，百姓怨声载道，暴动此起彼伏。汉武帝终于感到了一丝恐慌。公元前89年，桑弘羊等人上奏建议派士卒到西域轮台去屯垦戍边。汉武帝针对这个提议，下诏说："前有司奏欲益民赋三十，助边用，是重困老弱孤独也。而今又请奏遣卒田轮台。轮台西于车师千余里，前开陵侯击车师时，虽胜，烽其王，以辽远乏食，道死者尚数千人，况盖西乎！……朕即位以来，所为狂悖，使天下愁苦，不可追悔。自今事有伤百姓，靡费天下者，悉罢之！……当今务在禁苛暴，止擅赋，力本农，修马复令，以补缺，毋乏武备而已。……"这就是历史上著名的《轮台罪己诏》。汉朝的统治终于回到了与民休息、发展经济的轨道，避免了迅速崩溃的败局。

汉武帝颁布《轮台罪己诏》两年后，与世长辞，归葬茂陵。"汉家天马出蒲梢，苜蓿榴花遍近郊。内苑只知含凤觜，属车无复插鸡翘。玉桃偷得怜方朔，金屋修成贮阿娇。谁料苏卿老归国，茂陵松柏雨萧萧。"这是千年后，唐代李商隐拜谒茂陵时写下的诗句。

【 大宛列传 】

博望侯张骞

　　博望侯张骞，是一位堪比欧洲人哥伦布的大探险家。在汉武帝时代以前，中国人一般认为世界的最西边就在今天的陕西、宁夏和甘肃三省交界的这片地方。在当时人的认知里，漫漫黄沙的河西走廊之外就像《山海经》里描述的场景一样虚无缥缈。

　　张骞主动请缨出使异域远方，历时十三年，九死一生，终于打通了汉朝和中亚各个国家之间的交通路线，这一壮举被称为"凿空西域"。

　　然而在《史记》里，司马迁却没有为张骞作一篇个人传记，而是把他的事迹归在《大宛列传》当中，把他凿空西域的壮举淡化成汉代地理大发现的一个模糊背景。这是为什么呢？

毛遂自荐

汉武帝刚一登基，就开始谋划教训屡屡为患中国的匈奴。为了知己知彼，汉武帝找来投降汉朝的一些匈奴人，询问有关匈奴内政外交的情况。从这些人口中，汉武帝得知从前有一个叫月氏的强大部族位于匈奴的西方，后来被崛起的匈奴打败了，被迫西迁远方。匈奴单于割了月氏王的头颅，把头盖骨做成了喝酒的杯子。月氏从此跟匈奴结下了不共戴天的血海深仇。

汉武帝了解了这个情况就开始盘算：如果他派使者去遥远的西方，找到能征善战的月氏人，跟他们结为同盟，那么大汉和月氏就可以从两个方向夹击匈奴，如此便能稳操胜券了。

可是，没有人知道月氏究竟迁徙到哪里去了。而且，使者必须冒着被俘虏甚至杀害的危险，穿过匈奴人控制的河西走廊，才有可能找到月氏。这其中的凶险光想想就让人胆战心惊。

朝廷张榜求贤，招募敢去寻找月氏国的使者。大家知道这趟差事是凶多吉少，都不敢去，只有在宫中当侍卫的青年张骞自告奋勇，向汉武帝请行。

汉武帝龙心大悦，立刻组建了一支规模超过百人的使团，由张骞带队。他还为这支出使西域的使团配了一名向导，名叫堂邑父。堂邑父原是匈奴人，非常了解匈奴的情况。就这样，张骞踏上了西行征程，展开了一场生死未卜的探险之旅。

九死一生

张骞率领的使团出师不利，刚刚离开边境陇西不久，就被匈奴的军队发现了。张骞手下这一百多号人，在匈奴的铁蹄之下，死的死伤的伤。张骞和其他的俘虏一起被装进囚车，押解到远方匈奴单于大帐的所在地，听候发落。

单于觉得张骞是一位壮士，想把他留在自己身边，就劝他死了出使月氏这条心。单于说："汉朝想穿过我的领地去找月氏，怎么可能办得到！如果我想派人穿过汉朝领土去跟南海边的南越结盟，汉朝能放我的使者通行吗？"

就这样，张骞被扣留在北方的单于王庭，一扣就是十年有余。单于还给张骞娶了一个匈奴老婆。张骞和他的匈奴妻子生了一个孩子。虽然张骞在匈奴过的日子看似岁月静好、无忧无虑，但是他始终没有忘记自己身负天子的重托，把代表大汉使臣身份的节杖一直保存得好好的。

时间长了，单于派来看守汉朝俘虏的士兵们渐渐地放松了警惕。张骞瞅准了一个机会，带着残存的使团成员和老婆孩子逃出生天。一行人星夜兼程向西赶路，用了几十天的时间，逃到了一个叫大宛的国家。

大宛国，位于现在新疆以西中亚的费尔干纳盆地，是著名的汗血宝马的产地。从陇西到大宛的直线距离，比从海南到北京还要远得多，张骞这一行堪称是万里大逃亡啊！

包括大宛在内的西域国家都听说过东方有个叫汉的富饶大国。大宛早就想跟汉朝通商，只是苦于被匈奴阻隔，无法实现。现在，汉朝竟然派来了使节，让大宛国又惊又喜。大宛国王给张骞使团提供了便利，派出向导帮助张骞辗转找到了月氏国。

张骞历经千辛万苦，眼看就能完成皇帝的使命了，却没想到在月氏国狠狠地碰了一回壁——月氏王对于汉朝提出的前后夹击匈奴的提议根本不感兴趣。这是怎么回事呢？原来月氏被迫西迁到中亚以后，征服了当地的大夏国。大夏国地域广大，水草丰美，是一片太平乐土。月氏的新国王早就好了疮疤忘了疼，再也不愿意回到故土去打匈奴。

张骞在月氏和大夏逗留了一年多，始终无法说服月氏国王改变心意，使命彻底失败，只好灰心丧气地启程回国。

张骞一行在设计返程路线时特别注意避开匈奴，在快到匈奴地界的时候，故意绕到南边祁连山脚下的羌人部落，以便躲开匈奴的抓捕。可是有句话说得好，福无双至，祸不单行，张骞千算万算，都没算到他们在荒无人烟的大漠荒原上，居然又撞上了匈奴军队，简直倒霉透了。张骞第二次被匈奴关押了。

一年多后，单于去世，匈奴爆发内乱。张骞带着老婆、孩子和向导堂邑父趁乱逃回了汉朝。汉武帝以为他在十三年前派出去的使团早已全军覆没，没想到张骞和堂邑父两个人竟然在九死一生后回来复命了。

探索世界

虽然张骞没能完成联合大月氏的使命，但仍旧得到了汉武帝的嘉奖。汉武帝留张骞做身边的亲信，时时召见，让张骞给他讲西域的见闻。

张骞不仅对汉武帝说了自己亲身见识的西域诸国风情，还讲了他在大月氏和大夏听说的远方异国的传说。他提到了安息国使用国王的头像做银币；条支国位于安息国西面，据说是西王母的老家，那里生有一种大鸟，下的蛋有瓦罐那么大……根据历史学家的研究，安息国就是统治伊朗和两河流域的帕提亚帝国，而条支国就是地中海东岸的塞琉古帝国。

除了这些奇闻，张骞还告诉汉武帝，自己在大夏国的时候，看到了四川出产的邛竹杖和蜀布。他向当地商人打听这是从哪里来的，商人们说这是他们去南方一个叫身毒的国家买来的。身毒就是印度的古称。张骞猜想，身毒一定是通过盘踞在四川以南云贵地区的西南夷买到邛竹杖和蜀布的。

汉朝如果能够打通西南夷，就能从巴蜀直达身毒，再从身毒绕到大夏和月氏。这样，汉人去西域，就不会遭到匈奴的半道拦截了。本来汉武帝曾经派司马相如去打通西南夷，但徒劳无功，就放弃了；现在，他听了张骞的介绍，又燃起了向外部世界拓展的野心，重新向西南夷派兵。但是，他为此耗费了大量民力物力，依旧是竹篮打水一场空。

后来卫青、霍去病大破匈奴，迫使盘踞在河西走廊的匈奴浑邪王投降汉朝，通向西域的大门豁然大开。**汉武帝再次启用张骞，派他第二次出使西域。** 张骞为汉武帝谋划，联合西域的乌孙等国家，东进合围匈奴，断匈奴右臂。

汉武帝任命张骞为中郎将，率领三百人出使，为使团每人配坐骑两匹，携带大量丝绸、金银，以及数以万计的牲畜，浩浩荡荡地出使西域。

汉武帝委任张骞，如果发现道路可通的国家，可以分遣副使，与之建立外交联系。张骞这一次的出使，是中国第一次有史可据的大规模主动接触外部世界的大探险，它的历史意义非常重要，只有明代的郑和下西洋这一历史事件可与之相提并论。

张骞从乌孙返回后第二年就去世了，而他派出的各路副使到达了大夏、大月氏、安息、身毒这些国家，并带当地的使节一同回来觐见天子。汉朝与西域中亚国家逐步建立了稳定的交通联系，闻名千古的丝绸之路从此将世界的东方和西方有力地联结起来了。

"好事之臣"

汉武帝曾经封张骞为博望侯。博望侯的声名远播异域，后来汉代的使臣都以博望侯为号，以此取信于西域各国。张骞凿空西域，成为世界文明史上一位千古流芳的伟人，然而，司马迁却不肯专门为他立传，这究竟是为什么呢？

有学者认为张骞出使西域，其实与卫青、霍去病北伐匈奴一样，虽然有进步意义，但更多的是为了满足汉武帝好大喜功的个人野心。对国家、百姓而言，这种扩张耗费国力、财力，得不偿失。所以司马迁认为张骞属于"好事之臣",他的行为并不值得鼓励和效仿。

司马迁在《大宛列传》中特别提到,汉武帝因张骞出使西域而封他为博望侯,从此许多基层小官吏为了出人头地,都纷纷上书出使。结果这些良莠不齐的使臣,不仅侵扰民间财物,还在外国搬弄是非,言不守信,让汉朝的威望一落千丈。他们的不义行为无疑激化了中外矛盾,甚至引发了战争。

唐诗有云:"年年战骨埋荒外,空见蒲桃入汉家。"这句诗正写出了司马迁对张骞出使西域的真实看法。

不得要领

释义:指没有抓住事物关键。

《大宛列传》原文:骞从月氏至大夏,竟不能得月氏要领。

例句:他学习得非常费劲,完全不得要领。

骞曰："臣在大夏时，见邛竹杖①、蜀布②。问曰：'安得此？'大夏国人曰：'吾贾人往市之身毒。身毒在大夏东南可数千里，其俗土著，大与大夏同，而卑湿暑热云。其人民乘象以战。其国临大水焉③。'以骞度之，大夏去汉万二千里，居汉西南。今身毒国又居大夏东南数千里，有蜀物，此其去蜀不远矣。今使大夏，从羌中④，险，羌人恶之⑤；少北⑥，则为匈奴所得；从蜀宜径⑦，又无寇。"天子既闻大宛及大夏、安息之属皆大国，多奇物，土著，颇与中国同业⑧，而兵弱，贵汉财物⑨；其北有大月氏、康居之属，兵强，可以赂遗设利朝也⑩。且诚得而以义属之，则广地万里，重九译，致殊俗，威德遍于四海。

注释：
①邛竹杖：邛都出产的竹制手杖。
②蜀布：蜀郡出产的一种质地很细的布。
③其国临大水焉：临近今天的印度洋。
④从羌中：经由今甘肃、青海边界，以及新疆东南部、南部的羌族地区。
⑤羌人恶之：羌人不愿意汉人从那里通行。
⑥少北：稍微偏北。
⑦从蜀宜径：从成都一带找寻方便的西行之路应该是可行的。
⑧同业：从事的作业相同。业，事业，劳动项目。

⑨ 贵汉财物：看重汉朝的财物。
⑩ 可以赂遗设利朝也：可以通过物质的利诱、收买使之来朝。

一人抵过十万大军

在《大宛列传》中，我们了解到汉武帝派张骞出使西域，结果张骞在路过匈奴时被单于扣押了十一年才得以逃脱。张骞返回汉朝时，绕道祁连山羌地，却又一次被单于抓捕，又扣押了一年多。我们从这个描述中可以推断，匈奴军队在当时的单于领导下非常骁勇善战。

根据史书记载，与张骞频繁过招的匈奴单于是军臣单于。军臣单于是冒顿单于之孙，老上单于之子。公元前161年，军臣单于即位。他曾与汉文帝交锋，入侵大汉的上郡、云中等地。他还曾以强大的进攻能力逼迫汉景帝以退兵为条件与他建立和亲盟约。到了汉武帝时代，他扣押张骞使者团时，已经执政二十二年了。此时，大汉与匈奴貌合神离，关系十分微妙。

对于张骞与军臣单于的会面，《史记》中的记载十分简单，只有两句军臣单于的问话："月氏在吾北，汉何以得往使？吾欲使越，汉肯听我乎？"看来，军臣单于已经猜到汉武帝派张骞出使西域的目的就是联合大月氏夹击匈奴，他站在匈奴人的立场，无论如何都不会允许大汉的使者从匈奴过去。他还反问张骞，如果他派使者穿过大汉去南越国，大汉能同意吗？由此可见，军臣单于不仅能够征战沙场，还非常擅于雄辩，是个非常厉害的对手。

公元前139年，汉武帝派张骞第一次出使西域。在复杂的国际环境中，张骞作为一位优秀的外交家，既擅长唇枪舌剑，又能够忍辱负重，既具有博大的胸怀，又懂得审时度势、能屈能伸。张骞被军臣单于俘虏后，还被安排了婚姻。他当然知道投降的屈辱，但为了使团成员的生命安全，为了能最终完成出使西域、联盟大月氏的外交任务，他放弃了一时的尊严，选择了生的机会。他在匈奴如履薄冰般待了十一年，当军臣单于以礼待他，以求获得关于汉朝的有效信息时，他避其锋芒，不卑不亢；当军臣单于对他威逼恐吓，触及他作为汉朝外交官的底线时，他勇于进取，寸步不让。后来，他绞尽脑汁，终于伺机从匈奴逃脱，一路走过焉耆、大宛、大夏、大月氏等国，当时他率领的外交队伍只剩下他和堂邑父两个人,可是他在纵横各国之间时,虽只一人却抵得上十万大军,帮助大汉在西域各国建立起初步的外交关系。

列传·大汉风云

75篇

【 游侠列传 】

不被允许的民间秩序

现在，我们提到侠客、大侠，都觉得这些都是了不起的美称。但是在战国、秦、汉的时代，"侠"这个名声却并不怎么美好。侠这种人，有点儿类似于后代所说的"地方豪强"，或者"地头蛇"，甚至可以理解为是古代的"黑社会"。

《韩非子》里有："儒以文乱法，侠以武犯禁"。这句话的意思是：儒生喜欢在鸡蛋里挑骨头，非议政府法律；而侠呢，总是使用暴力，以身犯法。

从这段话中，我们可以看出法家把儒和侠都看成是对国家的威胁，认为有必要严厉打击。所以，秦朝不光焚书坑儒，还到处抓豪强侠客。

到了汉朝，儒生翻了身，可以进朝廷来当官了；可是侠却越来越不受欢迎。在汉高祖的时候，大侠朱家还能为名将栾布仗义执言，挺身而出，而到了汉景帝、汉武帝任用酷吏的年代，游侠们却成为官府重点打击和铲除的对象。名闻四海的大侠郭解被千里通缉，最终死在了皇权的淫威之下。

黑白两面

在《游侠列传》这篇合传里，司马迁着力刻画的人物就是郭解。那么，郭解到底是一个什么样的人呢？

郭解作为大侠，总是不走寻常路，横跨黑白两道，既作奸犯科、横行霸道，又急公好义、热心助人。郭解的性格听起来完全是自相矛盾，是什么造就了他这种复杂的性格呢？

郭解出生在一个"豪强"的家族。他的外祖母叫许负，是一位爱好看相的女子。据说，凡是经她看过面相的人，都能被她预测出命运走势。

许负曾经给汉文帝的母亲薄太后看过相。那时，薄太后只是一个小宫女，却被许负预言将来能成为天子的母亲。

平定七国之乱的大将周亚夫也找许负看过相。当时，许负预言周亚夫将来会被饿死，后来阴差阳错，周亚夫竟然在监狱里绝食而死。

许负靠着看相，在达官贵人当中享有很高的声望。郭解多多少少也沾到了外祖母家的光，年轻时在家乡有很大的名气。

不过，他的名气不是来自看相的本事，而是因为他的侠名。

那么，游侠到底是干什么的呢？说白了，游侠干的都是一般人不敢干的事。

郭解年轻时候盗过墓、造过假钱、杀过人，简直就是一个无恶不作的亡命之徒。不过，他运气不错，每次犯法被抓，都会遇到朝廷大赦，从来没有性命之忧。

可是，如果郭解只干坏事，那也称不上是一个"侠"。

他特别讲义气，能豁出命去为朋友排忧解难。有人被官府通缉，情急之下找他帮忙避难，他二话不说就把人藏在自己家里，照顾得妥妥帖帖，从不担心自己会受到牵连。

郭解的这种处事风格，跟《水浒传》里的"及时雨"宋江很像，所以在民间声望很高。有很多人愿意追随郭解，甚至有些人为了报答郭解的恩情，可以为他报仇杀人。

以德服人

郭解成年以后，收敛起年轻时一点就着、睚眦必报的狠脾气，变得成熟稳重起来。

有一回，郭解带着一群弟兄回家。街坊邻居们看见这一伙凶神恶煞纷纷躲着走，只有一个人非但不躲，反而叉开两腿坐在地上，冷冷地盯着郭解看。

郭解的手下看见这人敢对自己的老大无礼，立刻想去找他拼命。郭解一把拦住手下说："街坊看不起我，是因为我自己的德行有问题，街坊有什么错呢？"

郭解说出这番话，并不是在装大度。他专门去打听这位冷眼看人的街坊，特别关照管自己家这一带的官吏说："我挺在意这个某某人的。官府如果抓壮丁，请务必帮忙放他一马。"

后来，官府几次抓壮丁，都没有动郭解的这位街坊。这位街坊心里纳闷儿——自己的运气竟然这么好？他一打听才知道，原来是郭解暗中帮忙。他对郭解心存感激，登门向郭解负荆请罪。郭解的所作所为让这位街坊彻底服了，这就叫以德服人。

还有一次，郭解的外甥被杀，凶手逃跑了。郭解的老姐姐咽不下这口气，就把儿子的尸体撂在大街上，想用这种极端行为来逼郭解给外甥报仇。

凶手害怕郭解一开口，就会有无数人来追杀自己，只好回来认罪，跪在郭解面前请死。

郭解并不着急惩治凶手，而是向他了解作案动机：原来，郭解的外甥仗着郭解欺负人，强迫人家喝酒，人家不喝，他就拿起坛子强行灌酒，这人实在气不过，才一刀捅死了郭解的外甥。

郭解弄清楚了是非曲直，拍拍凶手的肩膀说："你没错，是我家外甥做得不对。"于是，他把人放了。大家听说了这事，都佩服郭解办事特别公正。

郭解以德服人、办事公正，深受当地百姓爱戴。大家有什么纠纷，都不愿去打官司，全来找郭解评理仲裁。而郭解呢，替人办事还不求名。

洛阳有两家人结了仇，任凭乡里长者们怎么劝都不能和解。

后来，乡亲们从外地请了郭解来调解。郭解抵达洛阳的当天晚上，就把这两家劝和了。在握手言和之前，郭解说："你们先别忙着握手言欢。我听说本地的长老们都曾出面来劝过你们，但都没有结果。我不能抢了他们的风头，所以准备连夜就走。你们先装着事情还没解决，等明天再请长老们过来调解，你们就装成是听了他们的话才和解的。"

名师带你读史记

朝廷的隐患

郭解的本意是做了好事不留名，结果反而让他名扬天下。有句俗话说得特别对，人怕出名猪怕壮。郭解出名，是因为他比官府更受民众信赖，这就更可怕了。

朝廷最担心民间社会出这种有影响力的人物了。站在朝廷的角度想，百姓有事都宁可找他郭解，也不找当地官府，这怎么了得！郭解万一哪天要造反，登高一呼，岂不是又一个陈胜出现了？

汉朝管理地方豪强的办法是，强制把他们从家乡连根拔起，举族迁到关中。很显然，在天子脚下，这些地方豪强更容易被控制和管理。郭解在民间弄出这么大响动，当然也在朝廷强制移民之列。

家乡轵（zhǐ）县的老百姓听说郭解一家要被迁走，都纷纷向官府求情。这件事闹得非常轰动，甚至惊动了大将军卫青。

卫青在汉武帝面前为郭解说话："郭解家很穷，不符合迁入关中的豪强标准。"

汉武帝听说郭解虽然只是一介布衣，却能劳烦大将军卫青替自己说话，更加忌惮郭解的人格魅力了，由此下定决心一定要把郭解迁入关中。汉武帝铁了心要办郭解，谁敢拦着？

郭解被迁入关中后，关中有权有势的人家都慕名来结交他。这时，郭解还没察觉大祸就要临头。

押送郭解从轵县到关中的是一个姓杨的小官。郭解的门客把对朝廷的一腔怒气全撒在这个杨姓小官身上。他们在郭解毫不知情的情况下，杀了这个杨姓小官。

杨家把这笔血债全都算到了郭解头上，要告郭解。事情越闹越大，郭解的门客竟然把杨姓小官的爸爸也杀了。杨家人一看轵县都是郭家的势力，就跑到长安去告御状。郭解的门客一直追到长安，在皇宫外杀死了告状的杨家人。

汉武帝被这桩血案震惊了，怒不可遏地下令抓捕郭解。

郭解得到风声，只好逃亡。在逃亡的路上，很多人自愿为郭解提供帮助。甚至有人在被官府盘问时，为了保守郭解行踪的秘密不惜自杀。郭解躲藏了很久，直到赶上天子大赦，才现身归案。

当时，杨家血案都在大赦的时效范围中，而郭解确实没有指使杀人，应该被从轻发落。朝廷在审理郭解一案时，按例派使者去郭解老家轵县调查案情。这时，有一个儒生在使者面前说了郭解的坏话。郭解的门客热血上头，不问青红皂白就杀了这个儒生，还割掉了尸体的舌头。旧案未了，平白又出了一桩人命案。

新的案件回报中央后，御史大夫公孙弘上奏说："郭解一介布衣，以游侠身份掌握地方实权。现在，当地百姓因为小小纠纷频频杀人，即使郭解本人对此案毫不知情，从未参与，但他应承担的罪责却比亲手杀人还严重。当以大逆不道论处。"

公孙弘的这一席话道出了郭解案件的关键：游侠在民间有强大的号召力。这种号召力是对皇权赤裸裸的威胁，必须铲除。汉武帝深以为然，因此毫不手软，下令诛杀了郭解全家。

郭解这样的游侠，动不动就杀人，说实话还是挺可怕的。但是，在《史记》中，司马迁对郭解却表达了深深的惋惜。在司马迁的眼里，游侠之中也有杰出人物，他们一诺千金，不惜身家性命为人排忧解难。这种实实在在的义举比起儒生们整天挂在嘴边的仁义道德来更深入人心。

司马迁在遭受李陵之祸的时候，朝廷上没有一人出手搭救，为他说一句公道话。在司马迁的心里有一杆秤，他对于"义"这个字有自己的理解。

司马迁在《游侠列传》中，通过塑造朱家、郭解这些人，重新定义了"侠"这种人，开创了"侠义"的传统，使得"大侠"从此成了流芳千古的美名。

不可同日而语

释义：本义指不能放在同一时间谈论。后形容事物之间差异很大，不能相提并论。

《游侠列传》原文：诚使乡曲之侠，予季次、原宪比权量力，效功于当世，不同日而论矣。

例句：这两双运动鞋虽然款式差不多，做工却不可同日而语。

短小精悍

释义：形容人身躯短小，精明强悍；也形容文章或发言简短而有力。

《游侠列传》原文：解为人短小精悍，不饮酒。

例句：他的文章观点明确，短小精悍。

以德报怨

释义：德，恩惠。怨，仇恨。用恩惠回报仇恨，指虽然被别人冒犯、得罪，却不记别人的仇，反而给他好处。

《游侠列传》原文：及解年长，更折节为俭，以德报怨，厚施而薄望。

例句：他心胸宽广，总是以德报怨。

古①布衣之侠，靡得②而闻已。近世（延陵）、孟尝、春申、平原、信陵之徒，皆因王者亲属，藉于③有土④卿相之富厚，招天下贤者，显名诸侯，不可谓不贤者矣。比如顺风而呼，声非加疾，其势激也。至如闾巷之侠⑤，修行砥名⑥，声施（yì）⑦于天下，莫不称贤，是为难耳。然儒、墨皆排摈不载。自秦以前，匹夫之侠，湮灭不见，余甚恨之。以余所闻，汉兴有朱家、田仲、王公、剧孟、郭解之徒，虽时扞⑧当世之文罔⑨，然其私义廉絜退让，有足称者⑩。……

注释：
①古：这里指春秋以前。
②靡得：不得。
③藉：凭借。
④有土：有封地。
⑤闾巷之侠：出身平民的侠士。
⑥砥名：提高自己的名声。
⑦施：传播。
⑧扞：抵触，违犯。
⑨文罔：法律、规章、制度。
⑩有足称者：有值得称道的地方。

汉太史公祠墓

当你读到这里,已经读完了王弘治老师讲读的七十五篇史记故事。在这最后一篇"知识链接"中,我们一起来了解伟大的汉代太史公、《史记》的作者司马迁的祠墓。

提到汉太史公祠墓,必须从西晋的一位皇帝说起。这位西晋的皇帝就是怀帝司马炽,他才能平庸,在位时间也只有七年,所以在历史上留下的痕迹很少。但是在西晋永嘉四年(公元310年),他却做了一件惊天动地的大事。这一年,蝗灾在全国蔓延,怀帝司马炽所在的洛阳城也难逃饥荒的厄运。年轻的怀帝一筹莫展,希望得到祖宗的庇护。他一直认为自己是司马迁的后裔,便下令在司马迁的故乡——陕西韩城可以东望黄河的梁山上修建了"汉太史公祠墓"。

司马坡是一条通向汉太史公祠墓的主干道,由

司马迁祠

大石铺就。司马坡依山势逐级上升，一直通向建立在悬崖峭壁之上的汉太史公祠墓，更增添了这组建筑的雄伟壮观的气势。

汉太史公祠墓主要分为两个部分，司马迁祠和司马迁墓。

司马迁祠用砖石依山势筑成四个高台。每个高台之间有石级相连，层层上升，前面三个台上都有建筑物，最后一层就是砖砌的司马迁墓。司马迁墓呈椭圆形，墓顶有五株古柏，墓冢以青石包砌，青石上雕刻有花草和八卦图案。祠庙内有历代文人名士瞻仰凭吊时立的碑碣。

古往今来，有难以计数的知识分子曾来此拜谒，站在司马迁的墓前，眺望滚滚向前的黄河，心中缅怀这位伟大的史学家、文学家、思想家，更深切地感悟"究天人之际，通古今之变，成一家之言"的学术精神。

司马迁墓

"列传"尾声

《史记》中的七十"列传",不光讲人物的故事,还有民族与地域的介绍;不仅仅有单独的个人传记,也有把好几位人物并在一块写的"合传"。多变的体裁形成了《史记》多姿多彩的文字风格。我尽量选取《史记》里这些"列传"中的名篇,或是一些特别有个性、特别能反映时代风貌的人物故事,从不同侧面来展现《史记》这部千古名著的精彩内容。除了"本纪""世家"和"列传"三种体裁,《史记》里还有"表"和"志"两种重要的体裁。"表"主要是呈现历史资料的表格,没有故事可讲;"志"介绍的是天文、历法、河道、封禅这些古代重要的社会生活,内容非常"专门",偶尔也有一些有趣的人物故事。我就把这些偶尔出现在"志"当中的趣味故事编入了与之相关的"列传"故事里一并呈现了。

后 记

　　读书是这世上最有意思的事情。古人说，书本里有颜如玉和黄金屋，但是如果你也爱读书，就会发现书本里显然有比这些更加宝贵的东西，那就是人类喜怒哀乐的结晶，浓得化不开，越古老越醇厚。

　　不过，在科技发达的今天，读书的乐趣却面临着很多挑战。我年少时能爱上阅读，其实还要感谢相对贫乏的物质生活。在那个年代，天线能接收到的全部电视频道，我用一只手的手指就数得过来。所以，我看完一集全民热追的连续剧以后，只能到书本世界里去放飞无处安放的想象力了。

　　电脑、手机，以及无处不在的网络似乎让我们的想象空间越来越逼仄。我在十岁时读得如痴如醉的书，现在交给十岁的女儿读，她却并不感兴趣。我原本以为这是因为她课业太重，觉得课外阅读是很沉重的负担，直到我第一次为"少年得到"写音频课的稿子时，我才终于明白我的这个想法是对女儿的一个误解。

当时，我的老朋友徐来担任"少年得到"的主编，他觉得我平时聊天时讲故事的那股"疯劲儿"很适合去做《西游记》的音频课。我也认为自己很熟悉《西游记》中的各种掌故，于是立刻着手挑自己觉得最有意思的章回写试讲稿。我以为给孩子讲《西游记》不过是小菜一碟，很快就完成了这篇稿子。没想到，当我把稿子交给老朋友审读时，我看到的竟然是他皱紧的眉头。我到现在还记得他形容我的稿子的话："这里面有知识的诅咒！"

我很快弄明白了他的意思：你要讲的知识是好东西，但这些知识在你的脑子里已经沉淀了几十年，你就这么一股脑儿地输出，硬生生地让十岁上下的孩子接受，好像有些不近人情。因为在孩子们的眼里，你堆给他们的这些知识就像一大块浓得化不开的蜜糖，闻着香甜，但品相难看，口感也差，实在有点儿难以接受。

这段经历让我不由得想起，我之前给女儿讲楚汉相争的故事时，自己津津有味地拆解刘邦如何争取人心，项羽怎样刚愎自用，两个人的性格差异导致了各自人生不同的走向。她却听得意兴阑珊，完全无法和我共情。后来，我讲的刘邦在老家靠说大话骗了吕后当老婆这些类似八卦的细节，却让女儿听得两眼放光，她还一直追问吕后嫁给刘邦之后的故事。现在，个性刚毅的吕后已经成为她十分敬仰的对象。

我恍然大悟，我当年因为生活在物质匮乏的年代，所以连阅读也是"饥不择食"式的，而我的女儿生活在当今这个物质丰富、知识爆炸的时代，她拥有选择阅读的权利。孩子们都愿意首先挑选符合自己兴趣的书来读，我的女儿也不例外。

其实，不光是孩子会优先选择符合自己口味的书来读，人同此心，心同此理，连两千年前的司马迁也是如此。有前人批评《史记》不能算"信史"，因为司马迁写的这部史书更像是一部"好奇"的文学故事，并不能忠实地反映历史。但在大多数人眼里，这种"好奇故事"的风格其实正是《史记》最吸引人的优点。如果司马迁把《史记》一板一眼地写成"断烂朝报"，也许《史记》仍是一部意义深远的巨著，但绝不会成为一部流传几千年仍被后世争相转为白话文，广为阅读的杰作。

我写《史记》故事的出发点，也是追随太史公司马迁文字里"好奇"的气质，希望能摆脱成年人的"知识诅咒"，让孩子们在读这些故事时，感受到《史记》里的光。我写的这些故事如果能在他们心里埋下了解历史的兴趣种子，帮助他们在成长的过程中，鼓起勇气抛开这些白话故事的敲门砖，进入《史记》原典的殿堂认真求索，那么我宵夜笔耕时就会感到欣慰了。

当然，出于"有趣"的目的，我在写故事时也不得不忍痛割爱。这套书是按照《史记》"本纪""世家""列传"的基本顺序展开的。我为了尽量展现《史记》的故事性，除删了八"表"、十"志"，还不得不使很多篇章成为落选遗珠。我没有选择这些篇章不是因为原作缺乏了解的价值，而是我能力有限，认为这些"高档食材"如果被我随意地"乱炖"，不仅会对不起古人，也会对不起小读者。

对于选入书中的篇章，我尽量以一个"一以贯之"的视角，围绕着一个中心把整个故事去拆解、叙述。有时，我也会打散《史记》原有的篇章，拆东补西，小作穿插，选取几位具有共同特点的历史人物创作合集。这些辄改之处，我一般会在篇章的标题处注明。

我写的这些关于《史记》的故事，不是对《史记》原典机械的白话翻译，而是力求紧贴《史记》原意的"评话"。中国古代有《三国志平话》《五代史平话》这种依据真实历史进行的文学创作，我的写法大致算是对这种传统文学样式的拙劣模仿吧。我在书中表达的一些解读意见，主要来自我个人阅读的感悟，如有偏颇，请大小读者不吝赐教，我都会虚心接受。

写作时，我主要依赖的原著版本有两个：一是中华书局点校本二十四史系列中的《史记》，另一个是江西人民出版社出版的、由《史记》研究专家韩兆琦先生主编的《史记笺证》。任何人在求知之路上，都少不了前人的照拂。我不敢自比前辈，但私心所在，仍希望这一套书能成为孩子们攀登知识高峰的一根登山杖。